W0187338

COMMENT
Vivre avec
un anxieux

Dans la même collection :

Comment vivre avec un Alzheimer
des « trous » de mémoire à la maladie
(*Prix de l'Académie de médecine 1991*)

Comment vivre avec un alcoolique

Comment vivre avec un déprimé

Comment vivre avec un diabétique

Comment vivre avec un enfant trisomique

Comment vivre avec un malentendant

Comment vivre avec un enfant asthmatique

Comment vivre avec une personne aveugle
de la naissance au 4e âge

Comment vivre avec un handicapé respiratoire

Comment vivre avec un handicapé moteur

Comment vivre avec un malade cancéreux

Comment vivre avec un cardiaque et un hypertendu

A paraître :

Comment vivre avec un épileptique

Comment vivre avec un rhumatisant

VIRGINIE LECLERC
ROSEMARIE BOURGAULT

COMMENT *Vivre avec* un anxieux

Éditions Josette LYON
11 bis, rue Georges-Saché
75014 Paris

© Editions Josette Lyon, Paris, 1994
ISBN 2-906757-65-9
ISSN 0991 - 4056

INTRODUCTION

Mon enfant a mal au ventre tous les matins avant de partir à l'école.

Ma femme ne peut pas s'empêcher de se gratter le soir en regardant la télé. Elle a les bras et les jambes tout rouges.

Mon mari met facilement une ou deux heures avant de pouvoir s'endormir.

Ma copine ne peut pas prendre le métro toute seule. Elle m'oblige à l'accompagner partout en voiture. Elle me dit qu'elle étouffe.

Ma mère n'a jamais pu prendre un ascenseur de sa vie. Elle monte toujours à pied. Quand je lui demande pourquoi, elle me dit qu'elle a peur de rester bloquée et pourtant, cela ne lui est jamais arrivé.

Mon conjoint ne peut pas mettre un pied dans un avion. Du coup on ne voyage plus alors qu'avant on était tout le temps partis à l'aventure.

J'ai un collègue qui boit toujours un verre ou deux chaque fois qu'on a une réunion même de routine. Ça devient grave et il risque de se faire virer.

Si, en lisant ces phrases, vous avez l'impression de reconnaître l'un de vos proches, ce livre vous est destiné. En fait, rares sont ceux qui ne connaissent aucun anxieux. Tantôt c'est notre patron, une amie, son conjoint, un collègue. Tant qu'on n'est pas trop en contact avec la personne, cela va encore. Tant que ses problèmes n'apparaissent pas trop souvent, on peut supporter. Arrivé le moment où l'anxiété de l'autre envahit notre vie et nous empoisonne l'existence, on commence à souffrir soi-même, à ne plus savoir quoi faire et à avoir besoin de conseils et d'aide. Les anxieux sont pompants, il faut bien le dire et tout seul, on a du mal à les supporter.

Mais en fait, qu'est-ce qu'un anxieux ou mieux qu'est-ce que l'anxiété ? On en parle beaucoup et on a souvent l'impression de savoir ce que c'est, sans pour autant pouvoir la définir.

Donnons donc une définition précise : l'anxiété est une émotion. Elle s'apparente à la peur. Elle provoque d'ailleurs les mêmes réactions au niveau du corps : elle accélère le rythme cardiaque et respiratoire. Elle provoque des transpirations, des tremblements, des tensions musculaires. Toutes deux sont source de sentiments désagréables : envie de pleurer, de fuir, de se cacher. Comme la peur, l'anxiété ne se voit pas forcément, ce qui fait qu'on a bien souvent du mal à comprendre l'anxieux et son auxiété, d'autant plus que ses craintes nous paraissent souvent absurdes ou irrationnelles.

La peur nous paraît normale, logique face

à un danger concret : un agresseur nous braque avec un pistolet et on a peur. Dans un virage sur une route glacée, on sent sa voiture déraper et on a peur. On est témoin d'un accident de la route ; on voit une voiture heurter une moto et on a peur pour l'autre. Rien de plus normal.

L'anxieux, en revanche, n'a pas peur de situations ou d'objets concrets. La plupart du temps, il a peur de situations éventuelles, de risques possibles (mais bien souvent peu probables). En gros, il voit du danger partout et il est sans cesse en train de se préparer pour le pire. Il va m'arriver un truc, je ne sais ni où, ni quand, mais je dois être prêt, se dit-il. Du coup, il utilise une énergie folle, physique et psychique, et il mobilise l'armée de ses proches à mener ses batailles imaginaires.

Cela veut-il dire que l'anxiété est en soi maladive ? A partir du moment où l'on se fait le moindre souci est-on malade, et devrait-on consulter un psychiatre ou un psychologue ? Tant qu'à faire, on pourrait même se faire interner en hôpital psychiatrique ! Non, non et mille fois non. En soi, l'anxiété n'est pas une maladie et elle n'est sûrement pas à mettre dans le même panier que la maladie mentale grave. Pas besoin de vous interner ni d'interner votre mari anxieux. Mais l'anxiété vaut le coup de consulter un spécialiste de santé mentale (nous y reviendrons dans le chapitre 4) lorsqu'elle fait souffrir, dure depuis longtemps, et empêche celui qui l'éprouve de fonctionner normalement.

Nous sommes tous anxieux la veille d'un examen, le jour où nous passons notre permis, au moment où nous prononçons le oui devant Monsieur le maire. Le cœur se met à battre, la respiration est parfois coupée, on tremblote. Le plus souvent, cela s'arrête là et une heure ou deux après, tout est rentré dans l'ordre. De même, qui ne se fait du souci pour son avenir professionnel alors que le chômage touche de plus en plus de monde ? Qui ne s'inquiète du départ de ses enfants en classe de neige par le car ? Les accidents arrivent. Qui n'a jamais eu le réflexe de consulter un médecin pour une douleur qui finalement s'est avérée banale ? Le cancer, l'infarctus, le SIDA, tout cela existe bien, et rares sont ceux qui n'y pensent jamais.

Penser, en fait, c'est tout à fait normal. Ne pas pouvoir s'arrêter, penser tout le temps à ce qui peut arriver, ne faire que cela, c'est anormal. L'un des objectifs principaux de cet ouvrage est de vous permettre de juger si oui ou non votre ami, votre conjoint ou votre enfant présentent une anxiété normale ou pathologique, puis de savoir comment réagir selon la réponse à la question.

Ce livre est destiné à tous ceux qui subissent l'anxiété d'un proche. Au cours de sa lecture, vous trouverez des informations et des conseils sur les sujets suivants :

Apprendre à reconnaître l'anxiété pathologique chez l'autre. S'il existe une différence entre l'anxiété normale et l'anxiété pathologique, comment les distinguer ? Lors du Chapitre 1, nous tâcherons de décrire le fonctionnement de l'anxieux en général, son comportement, en donnant des exemples précis des questions qu'il se pose, des préoccupations qu'il peut avoir, des conduites qu'il adopte. Nous essayerons de décrire ce qu'il peut ressentir physiquement et psychiquement pour vous permettre de mieux comprendre ce qu'il vit. Nous dirons un mot sur les causes possibles de ce trouble et de ses conséquences sur le plan santé.

Par la suite, nous évoquerons le prix payé par la famille. L'anxieux échappe aux corvées, il manipule sa famille, il se fait accompagner. La famille en souffre, oscillant entre la colère et la culpabilité, le découragement, la défaite. Elle s'organise autour de la maladie et sans le savoir ni le vouloir, elle la renforce.

En fin de chapitre, nous donnerons des conseils précis et simples quant à la conduite à adopter face à un anxieux. Rester le plus calme possible, chercher de l'aide extérieure, vivre sa vie normalement et surtout ne pas rentrer dans le jeu de la maladie. Choses toutes simples à dire et parfois difficiles à mettre à exécution tant l'anxieux est pompant, convaincant, culpabilisant.

Lors du Chapitre 2, nous dresserons une série de portraits des divers troubles anxieux. Chaque trouble spécifique sera illustré par un cas, tiré de nos expériences de psychothérapie auprès d'anxieux. Nous essayerons d'éviter tout jargon psychiatrique, tout en vous permettant de reconnaître si votre anxieux chéri souffre plutôt de trouble obsessionnel-compulsif (les maniaques comme on dit), de phobie sociale (peur de prendre la parole), ou s'il est paniqueur agoraphobe (sujet à de grosses crises d'angoisse et ayant peur des transports en commun, des lieux clos, de la foule).

Pour chaque trouble, nous vous donnerons une idée plus spécifique de l'origine, des manifestations, des conséquences pour l'anxieux lui-même et surtout pour vous, les proches. A chaque fois, nous indiquerons l'attitude à adopter et les comportements à éviter.

Le Chapitre 4 sera entièrement consacré à l'anxiété chez l'enfant. Là encore, il est essentiel de pouvoir distinguer entre des peurs banales de l'enfant : la phobie des chiens, du loup, des sorcières par exemple, et de véritables troubles anxieux : phobie scolaire grave, timidité excessive, hyperactivité, anorexie ou refus prolongé de manger.

Tous les enfants passent par des périodes de peurs diverses et variées qui disparaissent vers onze ou douze ans et qui sont normales. Tous les enfants refusent un jour ou un autre de manger correctement. Bon nombre ont du mal par moments à se tenir tranquilles en classe. Il est parfois difficile de distinguer entre le banal et le passager et le véritable trouble. Nous tâcherons de vous aider dans cette entreprise et de vous conseiller des attitudes et des comportements à adopter.

Le Chapitre 5 abordera la question de l'aide extérieure. D'abord nous tenterons de répondre à la question : « à partir de quel moment faut-il consulter ». Bien qu'il n'y ait pas de règle générale, nous pensons qu'une consultation est justifiée à partir du moment où l'anxieux et/ou sa famille en souffrent.

Une fois la décision prise de consulter, il reste la question de savoir qui, et où. Faut-il voir un médecin, spécialiste ou non, un psychologue ? Doit-on préférer un traitement médicamenteux ou une psychothérapie ? Mais quels médicaments ou quelles thérapies ?

Nous présenterons dans les grandes lignes les divers traitements de l'anxiété, les avantages et les inconvénients de chacun et ses taux de réussite et de rechute.

En dernier lieu, quelle que soit la thérapie recherchée, la famille a un rôle à jouer dans son déroulement. Nous vous expliquerons en quoi vous pouvez aider le thérapeute, médecin ou psychologue, dans son entreprise : vous assurer que le patient suit son traitement, qu'il effectue les tâches (exercices utilisés en thérapie cognitivo-comportementale) que le thérapeute lui prescrit.

Notre objectif est avant tout pédagogique. Nous considérons qu'en tant que thérapeutes nous apprenons à nos patients à fonctionner autrement.

Nous savons de par notre expérience auprès de patients anxieux jusqu'à quel point l'anxiété empoisonne l'existence de toute une famille. Le patient nous en parle et il en souffre. Les familles nous appellent, demandent conseil, ne sachant plus comment s'y prendre. Nous espérons que ce petit guide servira les uns et les autres, répondra à leurs questions, calmera leurs inquiétudes et apportera des réponses simples et claires à leurs questions.

Chapitre 1

L'ANXIETE, CETTE MALADIE INVISIBLE

« Vous comprenez, j'aimerais dix fois mieux avoir un problème organique, une vraie maladie que ça. »

« C'est comme dans un film que j'ai vu. Ça s'appelle Total Recall. Eh bien, à un moment, on ouvre le crâne du gars et on lui retire une grosse boule jaune qui se trouve à l'intérieur. Mais moi, j'aimerais qu'on me trouve ça vous comprenez. »

« Au moins un cancer, une maladie cardiaque, ça se soigne, mais ça, on a l'impression qu'on ne va jamais s'en sortir. Et puis les gens ne comprennent pas. Comment voulez-vous que je dise que par moments je ne peux pas descendre acheter ma baguette. Ils vont me prendre pour une folle. »

« Je ne travaille plus. Je suis en arrêt depuis un an. J'ai deux garçons, adolescents, ils ont encore besoin de moi. Quelle image est-ce que je leur donne maintenant, un père qui ne travaille pas. Et pourquoi ? Parce qu'il s'angoisse. Comment leur expliquer ça ? Je ne tiens plus le coup. Je ne suis plus un homme. »

Derrière ces témoignages de souffrance, il y a une demande claire. Dites-moi ce que j'ai. Dites-moi que cela ne se passe pas seulement dans ma tête. Permettez-moi de me justifier, de tenir la tête haute, de dire à mes proches ce qu'est cette maladie invisible. Ils ne comprennent pas et je ne comprends pas non plus.

L'anxieux se sent incompris de son entourage, et pour cause. Qui peut vraiment dire à son voisin : Je sais combien tu souffres ! Lorsque l'on souffre d'une rage de dents, on se sent seul, car personne ne souffre à notre place. Mais l'anxieux se sent souvent plus isolé encore car son mal est totalement invisible, voire incompréhensible pour les autres quand cette anxiété sort de la norme. Bien souvent il (elle) décrit un état de mal être, un sentiment de danger qui le guette. Parfois il se reprend et trouve lui-même ses inquiétudes absurdes mais, le plus souvent, il ne sait comment s'en débarrasser, et tout cela le fait souffrir davantage, car il en vient à se sentir incapable de faire face à la vie quotidienne. Il souffre de l'incompréhension de sa maladie et de l'incompréhension de ses proches.

Pour apprendre à vivre avec un anxieux, il faut d'abord savoir ce qu'est l'anxiété. Il est nécessaire de transformer cette bête vague et floue en une entité claire ayant des manifestations classiques et repérables. Il faut avant tout dédramatiser les choses, déculpabiliser les uns et les autres. Il faut apprendre à être scientifique et objectif, car l'émotion constitue un marasme dans lequel tombent trop souvent les anxieux et leur entourage.

L'anxiété : ingrédient de la vie de tous

Pour commencer, on doit comprendre qu'il existe deux sortes d'anxiété : l'une est parfaitement normale, ressentie par chacun de nous, l'autre est une maladie. L'anxiété a avant tout une fonction protectrice. Elle contribue à la survie de l'espèce, elle nous aide à faire face à des situations, à nous préparer et à améliorer nos performances.

Au début du siècle, des psychologues américains ont mené une expérience qui avait pour but de mesurer l'effet de l'anxiété sur les résultats des élèves à un examen. Les élèves étaient partagés en plusieurs groupes, allant du très anxieux au très détendu. Cette expérience a montré que les élèves qui avaient modérément peur avaient obtenu les meilleurs résultats : ceux qui étaient terrifiés ont été bloqués et ceux qui étaient trop relax ne prenaient pas suffisamment au sérieux l'épreuve pour bien se mobiliser, ce qui faisait chuter leurs résultats.

Cette expérience a été maintes fois reproduite depuis : sur des étudiants, des cadres, des artistes et des sportifs. A chaque fois, les tests montrent qu'une bonne dose d'anxiété améliore les performances. Regardez un match de tennis si vous n'êtes pas convaincu : observez un champion qui entre sur le court de tennis, un acteur qui entre en scène. Ils sont tendus, mais juste comme il faut. Pensez à un entretien d'embauche, une leçon de conduite ou un coup de fil à passer, à toutes les activités de la vie quotidienne. On n'est pas toujours à l'aise, on se sent plus vigilant, un peu sur le qui-vive, on est un peu anxieux.

Jusque-là, il s'agit d'une anxiété normale, car le dosage est bien fait : ni trop, ni pas assez. Ce dosage permet à l'anxiété de jouer son rôle bénéfique, son rôle naturel. L'anxiété nous est utile, car elle nous prépare à faire face et à nous protéger en cas de danger. Faire face à quoi ? Eh bien à tout, à une menace potentielle et à un danger réel et présent. Lorsque le danger est réel, l'anxiété devient la peur et nous conduit soit à fuir, soit à combattre. Lorsque le danger est seulement possible ou hypothétique, l'anxiété sert à nous préparer mentalement et physiquement. L'anxiété, tout comme la peur, a une fonction protectrice et adaptative. Il suffit de penser à un enfant casse-cou pour s'en apercevoir. Les parents de certains enfants en bas âge disent souvent : « Il se jette devant les voitures ». « Il grimpe sur un toboggan sans faire attention et se lance » etc. Les parents sont anxieux. Ils prévoient le danger que leur enfant ignore. Ils se mobilisent, se préparent, lui tiennent la main et le surveillent au toboggan pour l'empêcher de se faire mal. Leur anxiété préserve leur enfant et surtout les protège de leur propre malaise. Plus tard l'enfant sera lui-même en mesure de mesurer les dangers potentiels de la route, des chiens etc. Le problème, c'est que parfois l'enfant intègre si bien tous ces interdits, qu'il développe une crainte excessive vis-à-vis des choses qui l'entourent.

Comment alors distinguer une anxiété normale d'une anxiété anormale ? Eh bien, c'est une question de dosage et de chronicité. Les mêmes parents qui se font du souci pour leur enfant de dix-huit mois, casse-cou, n'en font pas autant pour leur petite fille de six ans qui, elle, a appris à ne pas se lancer tête la première du toboggan, qui s'arrête au coin de la rue et donne la main avant de traverser. Leur anxiété est alors normale, c'est-à-dire adaptée à la situation. Anxieux pour l'un, ils le sont moins ou pas du tout pour l'autre. Ces parents s'adaptent à des situations différentes, à leurs enfants qui sont très différents. Ils savent arrêter le robinet qui contrôle le flot de l'anxiété.

L'anxiété pathologique est chronique et constante. Elle ne s'arrête jamais. Elle ne se dose pas. Imaginez ces mêmes parents de notre exemple précédent. Trouverez-vous normal qu'ils couvent autant leur enfant de six ans que le petit de dix-huit mois, et qu'ils surveillent de la même façon leur grand garçon de douze ans ? Bien sûr que non. S'ils se réveillent la nuit pour s'assurer que ce dernier respire, s'ils ne le laissent jamais faire du sport (« les accidents sont si vite arrivés »), ni aller chez les copains (« les autres ne surveillent pas aussi bien leurs enfants »), vous aurez l'impression qu'ils exagèrent vraiment.

Dans cet exemple, il est facile de reconnaître le caractère exagéré du comportement des parents. Et pourtant, s'il s'agissait d'un enfant plus jeune, on aurait plus de mal à trancher et les avis seraient partagés. En fait, il ne faut jamais oublier que ce qui paraît dangereux pour l'un ne l'est pas pour un autre, d'où parfois la difficulté à comprendre un anxieux qui, lui, voit des dangers là où vous n'en voyez aucun. C'est une question de l'évaluation bonne ou mauvaise de la situation.

De quoi a peur l'anxieux ?

En fait, il ne faut jamais oublier que le danger qui fait peur à notre anxieux est le plus souvent un danger potentiel, voire un danger hypothétique. La plupart du temps, il ne va pas jusqu'à avoir peur de la mort, mais il éprouve des peurs plus diffuses : peur de paraître ridicule, peur de perdre son contrôle, peur de ne pas être à la hauteur, peur d'être l'objet de critiques, peur de l'échec. Et cette anxiété est d'autant plus pernicieuse qu'elle concerne des scénarios tout à fait possibles et très courants : on a mille occasions dans une journée de se faire critiquer par son patron, de commettre une erreur, de perdre son sang-froid, de se faire renverser par une voiture ou de voir ses enfants kidnappés. Tout le problème de l'anxiété pathologique est là : non seulement c'est une question de dosage, mais une question de perception de danger dans les situations de vie les plus banales.

Certaines situations de la vie se prêtent à l'anxiété et à la vigilance. Imaginez une femme seule qui prend le dernier métro pour rentrer. Elle est bien habillée, porte un beau collier de perles et une bague de fiançailles. Elle a de l'argent dans son sac, ses papiers d'identité. Elle se trouve seule dans un wagon de métro. Elle se concentre sur le programme d'opéra qu'elle vient d'écouter tout en restant vigilante, prête à agir en cas de pépin : un clochard qui l'aborde, une bande de délinquants qui la braque. Son niveau d'anxiété est légèrement élevé. Elle est prête à fuir ou lutter selon les besoins du moment. Son anxiété est tout à fait adaptée. Si l'occasion se présente, son niveau d'anxiété actuel est modéré, mais il lui permettra de réagir. Pour l'instant, il n'y a rien de dangereux dans le wagon, mais il pourrait lui arriver quelque chose. Sa perception de la situation et de ses paramètres fait qu'elle n'est pas tout à fait à l'aise : son habillement, l'heure, les incidents, les petites violences que connaissent tous les citadins, son sexe, etc. Elle se prépare, elle se mobilise. En cas d'incident et malgré la peur qu'elle pourrait avoir, le plus souvent elle arrivera à faire face à la situation.

Mais prenons un autre exemple, où il n'y a pas de vrais dangers, mais un ensemble de petits tracas. C'est le matin. Vous devez être au travail pour neuf heures. Vous avez un trajet assez long, les enfants à déposer à l'école et à la crèche. Avant de partir, il reste la vaisselle à faire, une machine à mettre en route, les enfants à préparer, du linge à repasser. La journée est chargée : des réunions, des rendez-vous, un rapport à taper. Votre patron vous le demande depuis une semaine et vous ne voyez pas comment vous allez le terminer. Avec un peu de chance peut-être en arrivant, mais les enfants ne se réveillent pas, et tout cela va vous retarder. L'idée du retard, des critiques, des responsabilités qui, par moments, vous paraissent insurmontables, tout cela se mélange et vous donne aussi envie soit de fuir soit de combattre ; pourtant, il n'y a pas de vrais dangers, simplement les tracas de la vie quotidienne, mais vous réagissez comme cette femme dans le métro, comme ces parents protecteurs. Si cela continue, vous allez peut-être fuir : claquer la porte en criant « j'en ai marre, débrouille-toi avec les gosses », ou bien réagir en luttant : vous réveillez les enfants brusquement, vous donnez une paire de gifles à celui ou celle qui traîne. Votre impatience, votre irritabilité, votre envie de crier, cela aussi, c'est de l'anxiété et pourtant le danger, si danger il y a, c'est l'idée du retard, de la critique, du trop-plein. Il n'y a ni mort imminente, ni agresseur mais une idée qui fait déborder le vase et qui, dans certains cas, peut donner lieu à une véritable crise de nerfs, de colère, de panique.

Oui, l'anxiété est une émotion naturelle. Elle fait partie de la vie, elle nous aide parfois à mieux réaliser certaines performances. L'anxiété devient problématique à partir du moment où elle est trop fréquente ou trop intense. Elle empoisonne la vie de tout le monde : le sujet anxieux qui ne se reconnaît plus, qui se sent de plus en plus diminué, entravé dans ses mouvements, soucieux de son avenir et de l'avenir de ses proches. Arrivé à ce point, l'anxieux a l'impression de ne plus rien contrôler de son existence, et son entourage ne saisit plus le pourquoi ni le comment des choses. Les préoccupations d'un anxieux paraissent souvent absurdes, alors que l'anxieux lui-même n'arrive pas à s'en défaire. Tout en étant lucide car un anxieux n'est pas un fou, il n'arrive plus à s'en dépêtrer. Une bonne dose d'anxiété est dynamisante ; une forte dose est inhibitrice. Si la réaction de peur classiquement décrite est celle de la fuite ou du combat, on a souvent l'impression que la réaction de l'anxiété c'est la frénésie ou l'engluement.

Imaginons à nouveau un entretien d'embauche : le sujet bien préparé prévoit les questions, imagine des réponses possibles, essaye auparavant de s'en forger une certaine image et de s'y tenir avant l'entretien. Il tente néanmoins de rester souple, sachant qu'il peut y avoir des questions surprises, voire des questions pièges, et qu'il faut toujours ajuster son rôle et son tir à la personne qu'on a en face de soi. Le sujet normal éprouvera avant l'entretien certaines sensations tout à fait caractéristiques de l'anxiété : insomnie, excitation, boule dans la gorge, lesquelles disparaîtront le plus souvent dès que l'entretien démarrera. Tout comme un bon joueur de tennis, il tâchera de repêcher les questions, de renvoyer ses réponses, de bien viser.

Prenons le sujet anxieux au sens pathologique dans cette même situation. Il a du mal à tenir en place. Il joue avec sa cravate, son stylo ; son regard fuit, ses jambes tremblent. Il change de position mille fois lors de l'entretien. Son esprit a du mal à se concentrer tellement les idées arrivent vite et se bousculent les unes les autres. Ou bien il reste cloué à son fauteuil, d'une lenteur insupportable pour son interlocuteur. Les idées ne viennent pas. Il aura la sensation de trous de mémoire, de trous noirs dans la tête. Entre la question et la réponse il y aura un temps mort, trop mort pour qu'il se rappelle la question.

Dans un cas comme dans l'autre, les sensations pénibles, les idées négatives, les affects négatifs, dominent l'entretien d'un bout à l'autre. A chaque instant, le sujet aura l'impression de ne rien contrôler et d'avoir un comportement parasité, un comportement qu'il ne souhaite pas et qu'il ne contrôle pas. Là encore, on retrouve un problème de dosage, d'impossibilité à prendre le dessus, à viser là où on veut. C'est bien là la différence entre l'anxiété normale et l'anxiété pathologique : un peu de tension peut nous motiver, peut même nous paraître agréable, voire grisant, tandis qu'une anxiété excessive ou pathologique n'est jamais agréable et nous laisse toujours l'impression d'être mené plutôt que de mener.

Puisque la perception du normal et du pathologique est par définition toujours un peu subjective, il faut savoir que ce qui paraît pathologique à l'entourage ne le sera pas forcément pour le sujet lui-même et inversement. Vous vivez avec un anxieux, vous aurez un rôle à jouer dans la décision de consulter ou non. Souvent, c'est le conjoint qui prend le premier rendez-vous ou qui demande simplement des renseignements sur la prise en charge de l'anxiété. Parfois, au contraire, le sujet est décidé à consulter et l'entourage estime que cela ne vaut pas la peine, qu'il peut bien s'en sortir seul. Or, ce n'est pas toujours le cas. La réponse à la question : faut-il consulter ? sera abordée plus loin, dans le chapitre 5. Nous nous contentons ici de dire que la vraie différence entre le normal et le pathologique se mesure par rapport à la souffrance et à la gêne. Si gêne et souffrance il y a, il y a une anxiété qui mérite d'être soignée. Il faut toujours la prendre au sérieux et il est parfois préférable de prendre trop de précautions que d'attendre des années avant de consulter.

L'anxiété et ses composantes

Jusque-là nous avons illustré l'anxiété de manière globale, sans entrer ni dans les détails de diverses pathologies anxieuses, ni dans ceux des composantes de tout trouble anxieux. Nous avons essayé de vous faire comprendre que l'anxiété normale et l'anxiété pathologique diffèrent plus par la quantité que par la qualité ; l'anxiété est normale, une trop forte dose est pathologique. Nous avons insisté également sur la différence entre l'anxiété et la peur, l'une correspondant à une réaction hypothétique, face à un danger exagéré, surévalué, l'autre étant une réaction à un danger bien cerné. Dans les pages qui suivent, et par un souci de clarté et de simplicité, nous allons disséquer les diverses composantes de l'anxiété : composantes physiologiques, cognitives et comportementales.

En début de chapitre, nous avons décrit l'anxiété comme une masse floue, difficilement abordable du point de vue du patient et encore plus du point de vue de l'entourage. Mais les scientifiques et les thérapeutes ont l'habitude de décomposer l'anxiété en composantes cognitives, comportementales et physiologiques. L'intérêt de ce découpage est multiple. Premièrement, il est difficile de tout changer chez un individu. Il est plus facile de s'attaquer aux petites choses, aux petits éléments ; de les transformer les uns après les autres pour arriver à un changement important et approfondi. Deuxièmement, et cette fois-ci du point de vue du sujet anxieux, il est plus facile de faire face à un ennemi concret qu'à un ensemble vague et flou qu'il a du mal à saisir. A partir du moment où l'on décompose l'anxiété, il est plus facile pour le patient de voir le bout du tunnnel. Finalement, cela facilite la compréhension de l'anxiété et ses manifestations. Mieux comprendre le sujet anxieux pour pouvoir mieux l'aider. A ne pas (vous-même) sombrer dans l'angoisse du « je ne sais plus que faire avec lui ».

Le système physiologique

Si nous commençons par le physiologique, c'est que les symptômes physiques de l'anxiété sont souvent l'objet de la première consultation, d'une première plainte. L'anxiété devient une maladie du psychisme qui se traduit, comme bon nombre de maladies, par des sensations pour le moins pénibles. Certaines sont visibles et, de ce fait, peuvent être plus compréhensibles pour l'entourage : il s'agit de tremblements, de sueurs, de pâleur, voire de muscles tétanisés. D'autres sont invisibles : palpitations, douleurs, étourdissements, sensations de vertiges, boule dans la gorge, vue brouillée. Ces symptômes résultent d'une réaction du système nerveux, réaction liée à la montée de peur ou d'anxiété diffuse, sans objet précis. Certains symptômes sont particulièrement terrifiants pour le sujet anxieux, lui donnant l'impression de mort imminente, de perte de contrôle ; dans ce cas il s'agit de trouble panique, dont il sera question dans le chapitre 2. D'autres sont plus chroniques, moins paroxystiques, mais tout aussi durs à vivre. Généralement, la première apparition est particulièrement pénible, mais dès ce moment, le sujet anxieux redoute toute manifestation ultérieure et guette le moindre symptôme, la moindre sensation physiologique nouvelle ou bizarre. Les symptômes de l'anxiété sont des signaux qui ont pour but de protéger l'individu et de le préparer à l'action. Hors contexte (en absence de danger) ou en trop grande quantité, ils deviennent source d'angoisse permanente.

Pour l'entourage, les symptômes de l'anxiété paraissent d'autant plus bizarres qu'ils sont pour la plupart invisibles. Il ne faut jamais sous-estimer la souffrance causée par l'anxiété et il ne faut pas oublier que la maladie et la souffrance peuvent ne pas être visibles. Avoir le cœur qui bat à 150 est terrifiant lorsque cela apparaît hors de tout contexte d'effort physique. Transpirer abondamment, sentir le souffle coupé, vivre une tension musculaire permanente, tout cela est invisible pour l'entourage et épuisant pour le sujet anxieux. L'aspect imprévisible et inattendu, voire incompréhensible, des symptômes de l'anxiété est ce qu'il y a de plus pénible pour le sujet.

La crise d'anxiété

Mais revenons concrètement à ces symptômes et leur rôle et tentons d'expliquer clairement et simplement ce qui se passe lors d'une crise d'anxiété. Lorsque nous sommes confrontés à un danger, réel ou imaginaire, ou tout simplement lorsque nous affrontons les tracas de la vie quotidienne, il y a transmission de messages entre le cerveau et une partie du système nerveux appelé le système nerveux autonome. C'est ce dernier qui prépare l'organisme à une réaction de fuite ou de combat. Il importe peu que le danger soit grand ou petit, vrai ou faux, traumatisant ou tout simplement agaçant, ce système est activé.

En cas d'activation, le système nerveux libère deux substances : l'adrénaline et la noradrénaline. Ces substances agissent de façon à ce que l'organisme reste en état d'alerte. Cet état d'alerte se maintient et s'accroît avec le temps, ce qui veut dire que l'anxiété (car l'anxiété n'est rien d'autre qu'un état d'alerte) s'accroît et se maintient pendant une période plus ou moins longue selon les sujets. Cependant, au bout d'un certain temps, l'adrénaline et la noradrénaline sont détruites dans l'organisme, ce qui a pour effet de permettre à celui-ci de retrouver un état de repos. De même, une autre partie du système nerveux, le système parasympathique, a lui aussi un rôle à jouer dans le retour à un état normal. Autrement dit, tout est fait pour que l'organisme puisse s'activer rapidement et maintenir une activation importante et aussi pour qu'il puisse retrouver un état calme et de repos. Le retour à la normale peut être long. Plus il est long, plus le sujet anxieux aura l'impression d'être énervé ou irritable pendant un certain temps. Bien souvent, et surtout après une apparition d'anxiété importante, voire paroxystique, le sujet anxieux se sentira fatigué, lessivé, comme s'il avait fourni un énorme effort physique. C'est normal, car l'activation du système nerveux autonome représente un effort colossal pour l'organisme, et le retour au calme nécessite aussi des dépenses d'énergie.

Les symptômes physiques

L'activation du système nerveux autonome et la libération des substances chimiques entraînent les symptômes physiques. D'abord, il se produit une accélération du rythme cardiaque. Face à un prédateur, l'animal a besoin de pouvoir agir rapidement ; pour ce faire, ses muscles ont besoin de quantités d'oxygène accrues, fournies par le système sanguin et par l'accélération cardiaque. L'homme face à un danger, réel ou imaginaire, éprouve les mêmes besoins et son organisme fonctionne de la même manière. En outre, le flux sanguin se détourne généralement de la périphérie (les doigts, les orteils, la peau) vers les organes internes et les gros muscles. Certains vaisseaux se contractent, d'autres se dilatent. De ce fait, les mains et les pieds se refroidissent en cas d'alerte et bien souvent, le sujet ressent des picotements. L'accélération cardiaque s'accompagne d'une accélération respiratoire. Cette hyperventilation entraîne paradoxalement des sensations d'étouffement et d'oppression dans la cage thoracique, parfois même des douleurs. En outre, l'hyperventilation peut donner lieu à une impression d'irréalité et de bizarrerie aussi bien qu'aux sensations de vertiges et à la peur de tomber. En dernier lieu, le sujet ressent une transpiration accrue et des bouffées de chaleur.

D'autres sensations peuvent apparaître : une tension musculaire accrue, voire une véritable tétanisation des muscles, des tremblements des extrémités et des douleurs. Le système digestif peut être également touché, ce qui se manifestera par des douleurs gastriques, voire des diarrhées ou de la constipation. La dilatation des pupilles entraîne des troubles de la vision momentanés.

En gros, l'activation du système physiologique déclenche une série de sensations pénibles, et parfois terrifiantes. Après une journée d'anxiété accrue, le sujet est le plus souvent aussi épuisé que s'il avait couru un marathon. Encore une fois, son attitude, sa fatigue, sa terreur peuvent être difficilement compréhensibles pour son entourage, car toutes ces dépenses d'énergie sont invisibles, et pourtant elles sont réelles, même si elles semblent quelque part absurdes et inutiles.

Ce qu'il faut également garder à l'esprit, c'est le caractère involontaire et incontrôlable de ces réactions. Le sujet anxieux ne fait pas exprès de se mettre « dans tous ses états » ; cela lui arrive de manière apparemment inexplicable et chronique. Imaginez un thermostat qui régule un système de chauffage. Si le thermostat est cassé, le chauffage se mettra en marche tout le temps, quelle que soit la température ambiante. L'anxiété, c'est pareil. L'organisme est en quelque sorte en état de surchauffe constante. Le thermostat ne fonctionnant plus, le sujet anxieux réagit et surréagit en permanence.

La réaction cognitive, ou comment les pensées font naître ou augmentent l'anxiété

Les cognitions sont nos pensées, nos opinions, nos images mentales. Dans les paragraphes qui suivent, nous tenterons d'expliciter leur rôle dans l'anxiété.

L'anxiété ne se limite pas aux manifestations physiques ; elle est caractérisée par certaines idées ou tout au moins par un profil particulier de pensées. Certains spécialistes estiment que les idées sous-tendent et déclenchent l'apparition de l'anxiété, que tout part de l'idée que l'on se fait de soi, du monde, d'une expérience, et que l'anxiété est une maladie d'idées ou de schémas de pensées erronés. On peut facilement comprendre l'influence des idées sur les sensations et les émotions à l'aide d'un petit exemple. Imaginons qu'il est deux heures du matin et qu'un bruit de pas dans mon appartement me réveille. Si je me dis, « oh c'est mon chéri qui rentre de voyage d'affaires » ou « ma petite qui vient de passer la soirée chez des copains », je me retournerai dans mon lit, retrouvant le sommeil aussitôt (comportement) et je serai contente et soulagée (émotion). Si, par contre, au bruit de pas, je me dis « on me cambriole », je vais me précipiter sur le téléphone (comportement) et je vais être totalement paniquée (affect). L'idée que je me fais de la situation, ce que je me dis, ma façon de traiter l'information sonore (le bruit des pas) provoqueront des réactions fort différentes.

Pour notre part, nous ne trancherons pas la question de savoir si la pensée précède ou non nos émotions et nos sensations. Nous nous efforcerons de décrire les pensées typiques de l'anxiété sans rentrer dans le débat de ce qui engendre quoi. Cela est encore débattu par les experts.

Mais revenons aux pensées. Notre expérience clinique et ce qui se trouve dans la plupart des travaux de recherche actuels, nous permettent d'affirmer qu'il existe des pensées, voire des images mentales, typiques de l'anxiété. Autrement dit, l'anxieux voit et pense la catastrophe et le désastre là où le sujet normal voit, pense un problème potentiel, mais surmontable. Non seulement l'anxieux pense la catastrophe, mais il ne pense que ça ; il a du mal à fixer son attention sur autre chose que son état, ses sensations, ses idées négatives. Il est incapable d'avoir d'autres pensées, et plus il pense au « danger » et à la menace qui le poursuivent, plus il se sent mal et plus il adhère à ses images catastrophiques.

Là encore, face à un prédateur, il est normal, voire utile de fixer son attention sur le lion qui est sur le point de nous avaler. Or, pour l'homme moderne, les risques de ce genre sont minimes et pour un sujet anxieux, les dangers sont d'un autre ordre : à la fois moins spectaculaires et plus banals. Le sujet anxieux se préoccupe de manière excessive de sa santé, de son avenir professionnel, de son image vis-à-vis des autres. Il pense continuellement aux soucis financiers, à sa performance au travail, à ses tâches ménagères et à ses responsabilités familiales. Comme tout le monde, il se soucie de sa santé et de son avenir. Mais là où l'anxieux est incapable de diriger son esprit vers d'autres pensées, la grande majorité des gens arrivent à chasser de temps à autre leurs idées de l'esprit et à consacrer leur énergie mentale à des sujets plus plaisants et surtout plus immédiats. A force de mobiliser son énergie sur les désastres, l'anxieux finit par les créer. Sa concentration fléchit ; son attention se lasse, sa performance peut en être diminuée et du coup, l'anxieux finit par confirmer les prédictions les plus horribles.

En gros, disons que l'anxieux vit continuellement avec cette phrase en tête : « il va m'arriver un truc, je ne sais ni où, ni quand mais il faut que je sois vigilant, sinon je ne saurai pas faire face ». Imaginez que vous avez cette pensée en tête et que malgré tous vos efforts pour la chasser de votre esprit vous n'y arrivez pas. Sans cesse, vous êtes troublé par une sensation de danger imminent. Votre attention se fixe sur les sources éventuelles de ce danger : votre corps et vos moindres sensations corporelles (« cette douleur dans le bas-ventre, ça ne peut pas être le cassoulet qui ne passe pas, c'est certainement un cancer de l'intestin »), la santé de vos proches (« le bouton sur la lèvre de la petite, j'espère que ce n'est pas cancéreux »), le chômage (« et si on se mettait à licencier dans la fonction publique »), le dernier rapport que vous avez soumis à votre patron (« il va sûrement le trouver nul »), une réunion de travail prévue pour le mois suivant (« où vais-je trouver le temps de la préparer ? »). A chaque fois que vous évoquez ces thèmes, cela s'accompagne de sensations pénibles et surtout d'idées tout aussi pénibles : vous allez rater, louper, mourir. Vous êtes incompétent, malade, un imposteur. Vous n'avez aucune chance de vous en sortir et si vous avez réussi jusque-là, c'est tout simplement parce que personne ne s'en est aperçu, mais cela ne peut pas et ne va pas durer. Si vous arrivez à imaginer tout cela, vous arrivez à vous mettre dans la tête de votre parent anxieux qui lui, le vit en permanence. Il est persuadé que tout va mal ou ira mal et qu'il lui faut être sans cesse vigilant à l'égard de tout.

Vous comprenez maintenant comme l'anxiété et les pensées anxieuses peuvent être source d'anxiété à leur tour. Vous, comme moi, comme tout le monde, vous avez des moments, des jours où vous voyez les choses sinon en noir, tout au moins avec beaucoup de gris. Il y a des jours où vous sous-estimez votre capacité à faire face et d'autres où vous sur-estimez les tracas : le désordre à la maison, la durée de la réunion, la colère de votre patron. Mais malgré tout, vous arrivez tant bien que mal à chasser ces idées de votre esprit et surtout à penser à autre chose, quitte à revenir dessus à un moment ultérieur. Vous cherchez également des contre-arguments : « je devrais éviter les féculents » ; « ça doit être un bouton de fièvre » ; « le dernier rapport a été bien reçu » ; « d'ici là, je trouverai bien un moment ». L'anxieux, lui, n'arrive pas à les chasser et est incapable de trouver un contre-argument ou un scénario autre que la catastrophe ; il est persuadé d'avoir raison. Son inquiétude est chronique et c'est bien en cela qu'il est différent des sujets normaux. Tout le monde a des soucis et la plupart des gens arrivent à les mettre de côté et à penser à autre chose. L'anxieux n'y arrive pas.

Mais quels sont les soucis des anxieux et sont-ils différents des soucis de Monsieur ou de Madame tout le monde ? Cette question a fait couler beaucoup d'encre ; mais, si l'on regarde bien, on s'aperçoit que les soucis des uns et des autres sont à peu près les mêmes. Les thèmes, les préoccupations des anxieux ne sont pas profondément différents de ceux des autres. Les sources de soucis habituelles des anxieux sont : la santé, la sienne ou celle de ses proches : peur de la maladie, peur de mourir, peur du Sida, peur que chaque sensation physique soit signe de quelque maladie grave. En soi, les préoccupations des anxieux ne sont pas loin de celles des uns et des autres. Ce qui peut distinguer les deux groupes, c'est l'intensité, la chronicité et éventuellement l'interaction entre ces idées et des traits de personnalité dont il sera question par la suite.

Peurs des anxieux

Vous trouverez ci-dessous des exemples de pensées typiquement anxieuses.

• La famille : peur pour le bien-être physique et psychologique de ses proches ; pour les parents, peur de ne pas être à la hauteur de leur tâche et de ce fait, d'avoir un effet néfaste sur leurs enfants. Pour le conjoint, peur de ne pas satisfaire son partenaire pleinement, peur qu'il lui arrive quelque chose.

• Le travail : peur de se faire licencier, de ne pas avoir un rendement suffisant, de ne pas respecter les délais, gérer, savoir se faire apprécier, peur que finalement on se rende compte qu'on n'est pas à sa place, qu'on ne mérite pas sa promotion.

• L'argent : les factures et les impôts à payer, peur de ne pas bien finir le mois, d'avoir des dettes.

• L'image que l'on donne aux autres : cette préoccupation se traduit par le souci de toujours se présenter sous son meilleur jour. Cela peut engendrer des peurs diverses : peur de tomber malade en public, de bégayer, de ne pas paraître suffisamment bien habillé et coiffé, peur que sa maison soit en désordre, peur de tenir des propos inintéressants ou bêtes. Peur surtout d'être rejeté par les autres ou peur que les autres se moquent de nous du fait de notre manque de perfection.

Derrière ces préoccupations anxiogènes il existe ce que certains auteurs appellent des règles intérieures ou des schémas cognitifs, voire des traits de personnalité. Ces thèmes que tout le monde connaît et partage deviennent source de véritable angoisse du fait qu'ils s'imposent à l'esprit de manière inéluctable chez l'anxieux. Quels sont ces schémas, ces règles, ces traits de personnalité ?

Nous essayerons de répondre à cette question à travers des exemples cliniques et nous laisserons à d'autres la polémique concernant l'origine innée, acquise, biologique ou psychique de ces tendances. Nous utiliserons le terme « auto-verbalisations » : ce que les Anglo-Saxons appellent self-talk : littéralement ce qu'on se dit, pour désigner des monologues que l'on se tient à soi-même. Ces monologues sont des illustrations comportementales de règles ou de schémas intérieurs. C'est à travers ce que le sujet se dit qu'on peut apercevoir ses croyances, ses règles, ses traits de personnalité. A titre d'exemple, nous pouvons citer les phrases « je dois », chères aux anxieux : « « Je dois toujours être estimé par tout le monde ». « Je ne dois jamais commettre d'erreur ». « Je dois être le premier en tout ».

Parmi ce que l'on observe sur le plan des traits de personnalité, commençons par la rigidité dans tous les domaines, souvent source d'anxiété et typique du fonctionnement des anxieux. L'anxieux ne sait pas se laisser une marge de manœuvre et n'en laisse pas non plus aux autres. Ce faisant, il se coince et il coince les autres dans des situations impossibles. Il estime qu'il doit pouvoir tout faire et ne jamais commettre d'erreur (règle ou schéma). Il n'est ni indulgent, ni tolérant pour son erreur ou l'erreur des autres (personnalité).

Rigide, l'anxieux est souvent perfectionniste (personnalité). Ce perfectionnisme est alors source d'anxiété, voire de conflit car qui peut réussir à tout moment, qui peut toujours être à l'heure, qui peut toujours respecter un délai ? Personne bien sûr. Mais allez donc dire cela à un anxieux et vous verrez sa réponse. Tout doit toujours être parfait (règle, schéma). Il est tellement prisonnier de son perfectionnisme qu'il est incapable de se fixer des objectifs raisonnables.

Avec le perfectionnisme, l'anxieux souffre souvent d'un sentiment de responsabilité exagéré (règle : tout est de ma faute ; personnalité : masochiste). Certains sujets anxieux (il sera question plus tard du trouble obsessionnel compulsif et de la maladie dont ils souffrent) s'efforcent de pratiquer toutes sortes de pensées magiques pour empêcher des choses horribles d'avoir lieu. Ces personnes sont persuadées qu'en l'absence de leurs rituels de pensées ou autres stratégies complètement folles, il peut arriver des catastrophes, notamment à leurs proches. D'où telle mère qui passe du temps tous les matins à vérifier prises électriques et chauffage pour s'assurer que la maison ne prendra pas feu en son absence. Sans son circuit du matin, elle est incapable de sortir de chez elle, car il pourrait y avoir un feu, ce qui serait de sa faute. Jamais elle ne mettrait EDF en cause, et jamais elle ne penserait que ses petites vérifications ne peuvent pas suffire pour empêcher un désastre. Or, les fuites de gaz dans un immeuble sont plus souvent la cause de véritables catastrophes : explosions et incendie grave, qu'une cafetière restée branchée. Pourtant, en bon anxieux, cette personne n'envisage qu'une responsabilité individuelle et elle transforme une situation possible en certitude.

Enfin, notons que la plupart des anxieux sont persuadés de ne pas avoir de contrôle véritable sur leur existence, si ce n'est à travers l'inquiétude constante (règle ou schéma : je dois contrôler, mais je ne maîtrise rien). Tout en se sentant responsable de tout et de n'importe quoi, l'anxieux est persuadé qu'il ne peut pas maîtriser les événements et que les événements, les situations, lui tombent dessus sans qu'il puisse s'en défendre de manière adéquate (personnalité : sous-estime de soi, fatalisme). S'il prend le métro, il est sûr qu'il va lui arriver une catastrophe (perte de connaissance, accident, étouffement) et qu'il sera incapable de s'en défendre. S'il doit assister à une réunion et y faire une présentation, il croit qu'il sera pris de panique et de ce fait, dans l'impossibilité de parler. S'il part en vacances, son sommeil, se dit-il, sera nécessairement perturbé, sans qu'il puisse se détendre, et de ce fait ses vacances seront gâchées. A chaque scénario catastrophe, l'anxieux s'imagine dans l'incapacité de faire face et obligé de ce fait d'exercer une hypervigilance totale, comme si le fait d'être hypervigilant pouvait empêcher les événements de survenir. Cependant, au fond de lui, l'anxieux est persuadé que son hypervigilance ne sera pas efficace, ce qui augmente à nouveau son taux d'anxiété.

Pour conclure, nous dirons que l'anxieux est en règle générale hanté par des messages intérieurs ou des règles : les « il faut » et les « je devrais » font qu'il éprouve rarement le simple plaisir de vivre, et ne fait que rarement les choses par envie. Par conséquent, l'anxieux finit par se sentir coincé, irritable, il en veut souvent à tout le monde, à tous ceux qui prennent le temps de vivre et qui ne vivent pas comme lui, dans la conscience du devoir et par devoir. Son vécu de « martyre » finit par exaspérer son entourage et créer des incompréhensions majeures entre lui et ses proches. Rigide, tourné vers lui-même, l'anxieux s'isole, incapable de voir le point de vue de l'autre et/ou d'imaginer que l'existence peut être différente. Vivant un véritable calvaire, l'anxieux peut aussi devenir un véritable tyran pour l'entourage.

Le système comportemental

Jusque-là, nous avons décrit la physiologie de l'anxiété et les cognitions ou pensées des anxieux. Nous abordons maintenant la réponse comportementale. Cet aspect de l'anxiété est peut-être celui qui intéresse le plus l'entourage, dans la mesure où ce qui pose problème c'est comment agit la personne anxieuse. Les sensations physiques que nous avons décrites auparavant sont souvent la source d'une gêne importante pour l'anxieux lui-même et, afin d'y échapper, celui-ci adopte certains comportements pour se soulager, parfois sans même s'en rendre compte. Voici des exemples que ceux qui vivent avec les anxieux ont probablement rencontrés.

Premièrement, l'appréhension anxieuse donne lieu à une fébrilité, une irritabilité, une difficulté à tenir en place. L'anxieux se comporte comme un lion en cage, va et vient, ayant du mal à fixer son attention sur quelque chose. Par ailleurs, il est souvent hésitant, ne parvient pas à se mettre au travail, persuadé la plupart du temps de ne pas pouvoir y arriver. Ses idées négatives et son perfectionnisme font qu'au lieu de se contenter de peu et de se mettre à la tâche, il tourne en rond, ne fait rien, vide le frigo, fume une cigarette. Ce style de comportement appelé procrastination est particulièrement agaçant pour l'entourage qui se trouve bien souvent obligé d'attendre que l'anxieux se calme pour pouvoir entreprendre la moindre activité.

D'autres anxieux sont, au contraire, figés, pétrifiés par la perspective de toute action, ils restent cloués sur place, incapables de prendre la moindre décision. « Que choisir ? un pull rouge ou un pull vert ? cette sortie de l'autoroute ou l'autre ? manger chinois ou italien ? » De telles décisions n'ont peut-être pas de conséquences dramatiques certes, mais l'anxieux peut hésiter longtemps par exemple avant de prendre rendez-vous chez le dentiste ou le médecin.

Là, les conséquences peuvent être plus graves. Ou encore il peut avoir des comportements de vérification, comme telle mère anxieuse qui se lève cinq fois la nuit pour s'assurer que son enfant respire ou tel autre qui se lève pour voir si le garage est bien fermé, l'ordinateur éteint. Certes, le doute et l'absence de certitude font partie de la vie de tout un chacun. Comment savoir qu'aujourd'hui on n'a pas un cancer, que demain on ne se fera pas renverser par une voiture ? La plupart d'entre nous arrivent à gérer ces incertitudes et à jongler avec la probabilité. En l'absence de signes pathologiques évidents, nous nous estimons, à tort peut-être, en bonne santé. L'anxieux, lui, peut être parfois poussé à vérifier sans cesse l'état de son organisme et ainsi, creuser à l'infini les dettes de la Sécurité Sociale. Il multiplie les investigations, passe des scanners et des fibroscopies à répétitions, supporte les examens les plus douloureux, pour douter de nouveau et recommencer le processus.

Nous avons fait référence précédemment à des comportements de vérification caractéristiques des troubles obsessionnels compulsifs (le TOC). Nous pourrions ajouter les rituels de lavage qui sont aussi terribles pour l'entourage (voir le chap. 2). En outre, on peut citer les comportements d'évitement : les ponts, les tunnels, le métro et les ascenseurs sont souvent des lieux maudits pour les anxieux. Ajoutons à notre liste ceux qui s'arrachent les cheveux, se rongent les ongles, mangent trop ou trop peu, se lèvent cinq fois la nuit pour uriner, ou se retiennent toute la journée par force, ceux qui dorment trop, d'autres pas assez et surtout jamais en dehors de chez eux. Avec cette liste, qui est loin d'être exhaustive, vous commencez à connaître la douleur et le comportement des anxieux.

L'interaction entre les trois systèmes

Jusque-là nous avons, pour simplifier, décomposé l'anxiété en composantes distinctes. Or, dans la réalité, il y a interaction constante entre les trois systèmes. En fait, il faut savoir que la représentation en trois composantes ou parties n'est qu'un modèle hypothétique. La réalité est bien plus complexe, et les divers ingrédients de l'anxiété bien plus imbriqués que nous le laissons entendre ; mais pour voir clair et pour pouvoir agir sur les choses, nous sommes obligés de les simplifier et de tricher un peu avec leur complexité. Même les chercheurs ne sont qu'au début de la connaissance de ce phénomène.

Illustrons par un exemple l'interaction entre ces trois ingrédients. Parfois, pour des raisons qui ne sont pas apparentes, nous avons des soucis et des idées négatives qui nous traversent l'esprit. Tout le monde en a et c'est tout à fait naturel et normal. Bien souvent, nous sommes envahis par les idées parasites dans les moments de grosse fatigue ou de surcharge de travail ou, paradoxalement, lorsque nous n'avons pas grand'chose à faire. Nous avons tous des moments de cafard et de pensées noires. On peut, par exemple, se fixer sur les accidents routiers alors que nos proches partent en vacances, ou avoir des flashes de crises cardiaques parce que notre conjoint approche la cinquantaine. Par moments, ce type de pensées peut provoquer des réactions physiologiques : d'un état d'endormissement on passe à un état d'éveil total. A table, en attendant l'entrée, soudainement l'appétit est coupé. Le manque d'appétit et/ou de sommeil à son tour entraîne encore plus de soucis : moins on dort plus on s'inquiète d'être fatigué, moins on mange plus on se demande si l'on n'a pas quelque trouble qui pourrait expliquer ce comportement bizarre. On dira qu'il y a une interaction ou un feedback (retour) entre nos pensées et notre état physique ou entre ce que l'on pense et ce que l'on ressent. (Rappelez-vous l'exemple du bruit des pas à deux heures du matin.)

Mais le cycle ou cercle vicieux ne s'arrête pas là

Il y a interaction également entre les pensées, les sentiments et les comportements. Donc, à partir du moment où l'on est préoccupé par des pensées négatives et où l'on ne trouve plus son sommeil, on se lève, on tourne en rond, on grignote, et ainsi de suite. Un tel style de comportement a pour effet de favoriser l'apparition de pensées d'autant plus négatives et anxieuses, ce qui renforce la sensation de tension et donne lieu aux comportements. En fait, il y a un effet d'escalade entre les composantes de l'anxiété, et n'importe laquelle peut engendrer le cercle infernal. Peu importe que le premier ingrédient ait été la pensée ou la sensation ou le comportement, le résultat est le même : une fois le processus enclenché, l'anxieux éprouve une énorme difficulté à le stopper.

Le cas de Monsieur F

Voici un exemple concret pour illustrer le phénomène. M. F a une bonne situation, un travail qui lui plaît et qui lui permet d'avoir des loisirs importants. M. F a beaucoup de hobbies et apprécie énormément les week-ends et les vacances. Cependant, sa femme ne travaille pas ; elle élève leur enfant, une petite fille charmante, curieuse et terriblement touche à tout. Mme F n'attend qu'une chose des jours de repos de son mari : la possibilité de se décharger un peu sur lui, pour pouvoir se livrer à diverses occupations, et entreprendre des activités qu'elle pratiquait avant la naissance de l'enfant. Quant à celle-ci, elle n'attend également qu'une chose : qu'on s'occupe d'elle au maximum. De ce fait, M. F arrive souvent le vendredi soir avec la hantise de se voir mettre le grappin dessus à nouveau, et de se trouver cloué à la maison, prisonnier de sa femme et de son enfant.

Anticipant, donc, de se faire piéger chaque semaine, M. F se sent souvent mal en dehors de son travail. Il souffre de raideur dans la nuque et d'importantes douleurs dorsales. Alors qu'au travail la douleur passe inaperçue, à la maison, elle est chronique. Tout son corps est noué. Les douleurs, ajoutées aux exigences de l'entourage, font que M. F est souvent irritable avec ses proches. Il fuit autant que possible le contact de son enfant, se réfugiant dans le bricolage ou la lecture. Il ne supporte pas d'être dérangé par sa femme ou sa fille. Il se dérobe, cherche à éviter au maximum les tâches de babysitting que lui impose son épouse. Lorsque celle-ci s'absente tout de même une heure ou deux pour faire des courses ou suivre ses cours de gymnastique, l'humeur de M. F devient particulièrement maussade.

N'étant pas totalement insensible à ses responsabilités et aux désirs de ses proches, M. F se culpabilise. Il voudrait être un père sympathique et un mari parfait, mais ce rôle n'est pas tout à fait compatible avec ses propres besoins de repos et de loisirs personnels. Par conséquent, au lieu de bricoler tranquillement, M. F rumine de plus en plus, et ce faisant, rate des gestes aussi simples que visser un boulon, en s'énervant d'autant plus. Lorsqu'il est vraiment au bout du rouleau, il prend un petit verre pour se calmer et pour se donner l'envie d'être sociable et de s'occuper de sa fille et de sa femme. Actuellement M. F cultive un alcoolisme naissant sans s'en rendre compte. Comme beaucoup d'anxieux, il se sert de l'alcool pour se détendre. Il ignore le fait que l'alcool n'est tranquillisant qu'à faible dose et qu'au-delà, il a au contraire une action anxiogène. De ce fait, M. F est en train de rentrer dans un autre cercle vicieux, celui de la dépendance à l'alcool.

Le cas de Madame L

Le cas de Mme L, exemple un peu différent du précédent, a pour but d'illustrer le cercle vicieux de l'anxiété dans un cadre professionnel. Mme L est cadre dans une grosse société. Elle dirige un service important, a un salaire et des responsabilités en conséquence. Elle est jeune et ambitieuse, compétente, et jusque-là, a toujours été très sûre d'elle-même. Appréciée par sa hiérarchie, elle bénéficie des sympathies de la majorité de ses collaborateurs, à une exception près. Hélas, Mme L ne supporte pas l'exception, ce qui est à l'origine de ses difficultés. Perfectionniste et vivant dans l'espoir et la nécessité d'être admirée par tous, Mme L souffre de l'absence de considération de cet unique collaborateur qui résiste à son charme.

N'ayant pas l'approbation de cette personne et sachant que celle-ci doute même de ses compétences en matière de gestion, Mme L, à son tour, se met à douter de ses capacités. Elle qui jusqu'à peu de temps s'estimait solide et intouchable découvre l'imperfection. « Et si c'était vrai », se dit-elle. « Peut-être que je ne suis pas à ma place, que je devrais faire plus. » « Peut-être que je ne sais vraiment pas gérer. » A partir de ces pensées, Mme L s'angoisse véritablement. Elle se remet sans cesse en question, elle rumine, vérifie la description de son poste pour vérifier qu'elle répond bien aux critères. Dans le doute, et de peur de se tromper et de laisser passer des erreurs sous son nez, elle devient une véritable boulimique du travail avec de nettes tendances à la vérification. Elle passe de neuf à dix heures par jour à onze ou douze, ne vivant plus que pour le bureau. Ses supérieurs, bien sûr, admirent son dévouement, ignorant complètement les inquiétudes qui alimentent cette ardeur.

Plus elle travaille, moins elle se sent sûre d'elle et plus elle se remet en question. Plus elle a peur qu'on découvre ses incompétences, plus elle doute. Dans les réunions, elle qui, auparavant, prenait si facilement la parole, n'ose plus dire ce qu'elle pense de peur de se tromper et de paraître stupide devant son « ennemi », celui par qui le mal a commencé. Chaque fois que cela est possible, elle évite les réunions, s'y trouvant de plus en plus mal à l'aise, transpirant à grosses gouttes, sujette à des accélérations cardiaques qui frôlent la panique. Tout ce qui est affrontement, voire simple échange de point de vue, la déstabilise complètement. Elle réfléchit cent fois avant de prendre part à la discussion, tant elle a peur de ne pas être à la hauteur.

Le soir, pour oublier le travail, Mme L force un peu trop, elle aussi, sur l'alcool et les sorties tardives bien arrosées, d'autant plus tardives qu'elle sort tard du travail. Le soir, énervée par l'alcool, la musique et la cigarette, car elle s'est remise à fumer après cinq ans d'abstinence, Mme L a souvent recours aux somnifères. L'alcool et le tabac sont des ennemis du som-

meil. L'endormissement survenant de plus en plus difficilement, Mme L, dans la crainte de la fatigue du lendemain, « prend un petit quelque chose pour dormir ». Mais, ce faisant, les réveils sont difficiles, ses performances professionnelles sont affaiblies. Bien souvent, Mme L n'émerge pas avant midi, de ce fait elle perd du temps, commet des erreurs, oublie des informations importantes.

Sans le savoir, Mme L est entrée aussi dans un cercle vicieux de l'anxiété. Partie d'une règle intérieure : « je dois plaire à tout le monde », elle est arrivée à un changement important de comportement. Aujourd'hui elle est en véritable perte de vitesse professionnelle. De par son désir de perfection et d'approbation absolue, Mme L s'est fixé des objectifs impossibles à réaliser. Comme beaucoup de perfectionnistes, elle a eu, pendant un certain temps, l'illusion de pouvoir atteindre l'impossible. Les perfectionnistes sont souvent très appréciés au travail, ce qui alimente leur désir de perfection. Cependant, le jour où le perfectionniste rencontre un obstacle incontournable, il est perdu. Le jour où Mme L s'est rendu compte qu'il lui manquait les suffrages d'un collaborateur, tout a commencé à se dégrader. L'insupportable, la faille, l'imperfection sont arrivés, entraînant frustration, inquiétude, dépendance à l'alcool et aux tranquillisants. Le prix de la perfection est élevé et Mme L n'est, hélas, pas une exception à la règle.

L'entourage de l'anxieux

Les familles des anxieux sont à leur tour aspirées dans le cercle vicieux cognitif, physiologique et comportemental de l'anxiété. A force de vivre avec un anxieux, vous finissez par modifier vos affects, vos comportements, vos idées, votre personnalité, pour pouvoir vous adapter à votre parent anxieux. Dans les pages qui suivent, nous essaierons de mieux cerner ce que vous vivez et ce que vous ne souhaitez plus vivre.

Le prix payé par la famille

Depuis la fin des années quarante et depuis les premiers travaux de la théorie des systèmes, issus de l'informatique, il est courant en sciences humaines (sociologie, psychologie) d'invoquer la notion de systèmes et de l'interaction entre les diverses parties d'un système : le corps humain est composé d'organes qui font partie de systèmes, circulatoires, respiratoires, digestifs, et qui interagissent entre eux. S'il y a blocage ou anomalie dans le système (respiratoire, par exemple), il y aura des conséquences néfastes pour les autres systèmes : par exemple, accélération ou ralentissement cardiaque.

Une famille, un couple, une équipe de travail,

constituent aussi des sytèmes. Lorsqu'un membre de la famille, du couple ou de l'équipe est malade, le reste du système est touché. En l'occurrence, l'anxiété d'un membre de la famille retentit sur les autres, provoquant pour tous des changements habituellement néfastes. Nous allons, dans un premier temps, évoquer ce que vivent les conjoints, les parents, les enfants, les collègues, et nous verrons en quoi cela retentit sur le malade lui-même.

Effets affectifs

Lors de nos enquêtes sur le stress en entreprise, combien de fois n'avons-nous pas entendu des gens dire : « Le service est stressé et le stress des autres, ça me stresse ». Au travail, à la maison, où que l'on aille, nous fonctionnons comme des thermostats réglés pour capter la température ambiante du bureau, de la maison, du voyage organisé.

La réponse anxio-dépressive

Les anxieux augmentent la température d'un groupe car, pour eux, tout est grave, tout est dramatique, rien n'est simple. L'entourage est nécessairement touché par les attitudes de l'anxieux et, par conséquent, il finit le plus souvent par se plier à ses humeurs et à adopter par moments une certaine fébrilité interne : la famille vit dans l'angoisse de l'anxieux lui-même, guettant ses attitudes, ses comportements, ses moindres grimaces. Aura-t-il passé une bonne journée ? Aura-t-il eu des crises, des douleurs, des difficultés ? Voilà souvent le début. La famille se met quasiment en deuil, ayant peur de brusquer, d'aggraver la souffrance de son proche. Elle s'attriste pour lui et sombre tout autant que lui. Elle se pose des questions : « Est-ce ma faute ? » « Qu'est-ce que j'aurais dû faire ? »

La révolte

Cette première attitude, que l'on qualifie d'anxio-dépressive (à la fois caractérisée par l'inquiétude et par la tristesse) est souvent suivie un jour ou l'autre par celle de la révolte. En l'absence de catastrophes confirmées (ceci parfois au bout de plusieurs années dans l'attente du pire), la famille en arrive à en avoir assez. Elle fait le décompte des sacrifices, des voyages annulés, des consultations médicales, des coups de fils inutiles et elle dit : « basta ». Elle cesse de vivre elle-même dans l'anxiété et la pitié pour basculer vers la colère. Elle ne supporte plus rien, ne veut plus rien entendre, envoie balader l'anxieux avec ses craintes, ses ordonnances et ses phobies. La soupape commence à se soulever sous l'effet de la pression.

L'indifférence

Entre ces deux pôles extrêmes, on observe parfois un entourage indifférent : ni protecteur, ni colérique, mais distant, détaché. Une telle attitude est très pénible à vivre pour l'anxieux, mais pour la famille elle présente certains avantages : en gardant une distance, on fait comme si la température ambiante était toujours à 18° et non pas à 35°, ce qui est la température préférée des anxieux. L'indifférence familiale est, malgré tout, rare et dans la plupart des cas, au bout d'un certain temps, l'entourage finit par basculer vers les extrêmes, soit de pitié excessive, soit de colère. La famille vit dans le risque permanent de la surchauffe affective.

Idées vraies ou fausses sur l'anxiété

Sur le plan des représentations ou des idées préconçues concernant l'anxiété, en tant que thérapeutes, nous avons souvent remarqué que les familles et les anxieux eux-mêmes ont une vision erronée de ce trouble. Ces idées, en étroite relation avec les émotions, alimentent la souffrance de chacun. Pour mieux vivre avec un anxieux, la connaissance de l'anxiété est indispensable.

Voilà quelques exemples d'idées erronées qu'ont les familles sur ce problème :

— Il (elle) le fait exprès ; s'il voulait, il pourrait surmonter son anxiété.

— L'anxieux manque de volonté.

— C'est impossible d'avoir peur de si peu de choses ou de ne pas pouvoir se contrôler.

— Cela ne peut pas être un problème psychologique ; il y a sûrement des causes organiques (tumeur, trouble cardio-vasculaire, pathologie ORL).

— C'est de notre faute ; nous l'avons traumatisé.

— C'est très grave et il ne va jamais en guérir.

— Quand on est comme ça, c'est de nature ; il ne changera pas.

Non seulement de telles idées sont inexactes, mais en plus elles ont un gros inconvénient : elles n'aident pas l'entourage à faire face au problème, et elles alimentent la culpabilité, la colère, voire l'indifférence dont il a déjà été question. Comment ? Si l'on pense que l'anxiété arrive par notre faute ou que nous avons traumatisé l'anxieux, on va sombrer dans la culpabilité. Si l'on est persuadé que l'anxiété ne se guérit pas, on risque de tomber dans la déprime. Si l'on pense que l'anxieux le fait exprès, cela met très en colère. Vivre avec un anxieux est une épreuve épuisante et frustrante. Nous aborderons plus en détail au cours du chapitre 5, la conduite et les idées à adopter face à un anxieux.

De telles idées proviennent souvent d'un manque de connaissances car en France, à l'inverse des pays anglo-saxons et des USA en particulier, les livres consacrés à l'anxiété sont destinés à un public de spécialistes. Il existe très peu d'ouvrages de vulgarisation. Si le public a des conceptions erronées de cette maladie, ce sont les spécialistes de la question qui en sont responsables. S'informer mieux est donc vital, et nous avons l'espoir qu'une meilleure compréhension de ce phénomène vous permettra de le vivre avec un minimum de difficulté.

Les comportements de l'entourage

Quant aux comportements, ce que l'on observe le plus souvent dans l'entourage d'un anxieux, c'est que toute la vie familiale est centrée sur lui et son problème. Ceux qui vivent avec les obsédés du lavage passent leur temps à laver ; ceux qui sont confrontés aux agoraphobes (personnes ayant peur de certains lieux vastes et/ou clos) font souvent tout à la place du patient qui a d'énormes difficultés à se déplacer. Ceux qui vivent avec les hypochondriaques accompagnent régulièrement leurs « malades » chez le médecin. La vie de la famille ne cesse d'exister autrement qu'à travers la maladie. On finit par ne plus parler que d'elle et ne plus faire grand chose de peur de... de peur de tout.

En fait, ce que l'on observe le plus souvent, c'est que la famille de l'anxieux et l'anxieux lui-même finissent par se ressembler curieusement, telles les personnes âgées et leurs animaux domestiques. A force de vivre ensemble...

les émotions, les pensées, les comportements finissent par être partagés et plus personne ne vit simplement.

Conséquences

Il n'est pas rare que les couples se séparent, que les collègues demandent leur mutation, que les enfants ne supportent plus les parents ou l'inverse. Les risques d'abus de tranquillisants et d'alcool s'accroissent tant chez l'anxieux que l'entourage finit le plus souvent par craquer. Les ennuis professionnels et scolaires sont fréquents, et les tensions inter-entourage arrivent à toucher le milieu extra-familial.

Voilà un tableau assez noir mais, hélas, très proche de la réalité de tous les jours. L'anxieux est pesant et pèse sur le système couple et famille.

De son côté, l'anxieux, lui, vit mal le malaise dans le couple et au sein de la famille. Lui aussi paie un prix élevé : le poids de son anxiété et de ses conséquences sur sa famille. Il se culpabilise, déprime, reconnaît qu'il gâche sa vie et celle de ses proches, mais il se sent incapable de faire autrement. Il se trouve prisonnier d'un cercle vraiment vicieux, il s'enfonce à nouveau à l'idée d'enfoncer tout le monde.

Faire et ne pas faire

Nous avons insisté à plusieurs reprises sur le retour en boucle ou le mécanisme de feedback de l'anxiété, dû à la fois à ses composantes qui interagissent entre elles et à l'interaction entre le malade et son entourage. Pour soigner l'anxiété, il faut sortir de la boucle, arrêter le feedback et cela, avant même de consulter pour la première fois. Revenons à notre schéma d'affects, de cognitions et de comportements.

Nous avons insisté sur le fait que la famille de l'anxieux commence la plupart du temps à s'inquiéter, à s'attrister, à se culpabiliser sur le sort de celui-ci. Ce faisant, sans le vouloir et sans en être consciente, la famille aggrave le problème pour elle comme pour lui. Vivre avec un anxieux est décourageant, mais il est dans l'intérêt de tous (les familles et les anxieux) de garder une humeur égale, voire de l'humour pour y faire face. Sortez de votre marasme. Soyez attentif, empathique et à l'écoute, mais évitez la pitié, la tristesse. N'oubliez pas que vous servez d'exemple en montrant à votre parent que le monde n'est pas truffé de dangers et de catastrophes. En restant aussi calme et optimiste que possible, vous lui rendez le plus grand service.

N'oubliez pas qu'on peut soigner l'anxiété, qu'elle est souvent passagère, et qu'un traitement adapté permet de voir le bout du tunnel. Apprenez vous-même à critiquer vos pensées négatives. Ainsi, vous aiderez votre anxieux et vous éviterez de sombrer dans l'anxiété avec lui.

Vos comportements ? Ne changez rien à vos habitudes ; surtout n'essayez pas de vous plier en quatre pour lui. Pour aller mieux, il voudrait que vous fassiez tout à sa place, que vous adoptiez des conduites d'évitements, que vous participiez aux vérifications. Bien souvent, lorsque le trouble naît, les familles, pensant bien faire, « entrent dans le jeu » de l'anxieux et tentent de lui éviter le moindre désagrément, en accédant à sa moindre demande. La logique voudrait que ce faisant, l'anxieux se sente rassuré et cesse de demander qu'on en fasse plus (ou moins selon les cas). Or, la logique et l'anxiété ne vont pas de pair. Tôt ou tard, les habitudes de la famille entière se trouvent chamboulées, et l'anxieux demeure toujours aussi anxieux.

Votre proche en difficulté jouera sûrement sur vos sentiments, tentant de vous rendre responsable de son problème ou de vous convaincre que vous êtes la/le plus cruelle du monde en refusant de céder à sa demande. Or, en y cédant, vous ne réglez pas le problème. Au contraire, vous renforcez les tendances anxieuses, vous les alimentez.

En quoi et comment ? C'est une question de rétroaction ou de feedback : chaque fois que vous modifiez votre façon de dire ou de faire pour rassurer un anxieux, son anxiété augmente ou se trouve renforcée par votre démarche. C'est un cercle vicieux. Plus votre proche vous demande de vérifier que la prise de la télé est débranchée et plus vous le faites, plus il demandera. Plus vous cédez à sa demande de l'accompagner partout, plus il vous demandera de le faire. Il en est de même pour les tunnels à éviter, les soirées à annuler, les départs en avion maudits. Si d'emblée vous êtes ferme et refusez de vous plier aux règles du jeu, votre anxieux sera bien obligé de céder ou de se faire soigner rapidement. Il est parfois bien difficile de dire non mais, ce faisant, vous lui évitez des années de mauvaises habitudes.

N'oubliez pas : soyez ferme, mais compréhensif ; la personne que vous avez en face de vous souffre réellement et ne fait pas exprès de se mettre dans cet état. Elle pense réellement ne pas pouvoir faire autrement, bien qu'elle puisse apprendre justement à changer de comportement. A vous de lui faire passer le message, en restant aussi calme et aussi déterminé que possible : elle est capable d'agir différemment. Il est difficile de modifier ses comportements et ses attitudes, certes, mais une fois réussie, la modification des habitudes anxieuses permettra à vous et à votre anxieux de revivre.

Le prix de l'anxiété

Les conséquences de l'anxiété sont multiples et dévastatrices. Nous présenterons au cours de cet ouvrage quelques données épidémiologiques sur la question. En attendant, nous dirons simplement que l'anxiété empoisonne la vie de nombreuses familles, de nombreux couples, et d'une quantité non négligeable d'équipes de travail. L'anxiété coûte cher à la collectivité : à la Sécurité Sociale et aux entreprises publiques et privées. Elle est à l'origine de nombreux arrêts de travail, voire d'accidents de travail. Dans une période de récession comme celle que nous connaissons à l'heure actuelle, il est d'autant plus nécessaire de prendre ce problème au sérieux et de faire en sorte que l'anxiété soit traitée efficacement et rapidement.

Nous avons évoqué auparavant le lien entre la sur-consommation de tranquillisants et d'alcool, et l'anxiété. Ce lien existe aussi entre le tabagisme, l'alimentation excessive, et l'anxiété. Si l'on comptabilise le nombre de consultations médicales (en France, une consultation sur quatre chez les généralistes concerne des troubles psychologiques), les hospitalisations, les médicaments, les interventions chirurgicales et leurs hospitalisations, on se trouve devant un chiffre très important. Si l'on y ajoute les accidents de la route provoqués par la prise d'alcool, les accidents et les arrêts de travail, on commence à comprendre que l'anxiété n'est pas un petit problème de nerfs usés chez les dames oisives mais un véritable fléau national.

A cette liste déjà longue, on peut ajouter les insomnies, fréquentes chez l'anxieux, les phobies de toutes sortes, les difficultés de communication qui empoisonnent l'ambiance familiale et professionnelle. Nous pouvons citer également la dépression, car la co-morbidité entre l'anxiété et la dépression (le fait de souffrir des deux maladies en même temps) est importante. Finalement, il y a un risque de suicide plus important chez les anxieux que pour la population générale, et un taux important de maladies cardio-vasculaires.

Quant à l'entourage, il paie lui aussi un coût élevé, devenant malade à son tour, impuissant face à la maladie de son parent et ne sachant pas, la plupart du temps, où chercher de l'aide. Séparations, divorces, ou couples désunis, tels sont le plus souvent les ravages de l'anxiété, sans parler de l'héritage laissé aux enfants.

L'héritage de l'anxiété : effets sur les enfants

Le plus souvent, l'anxieux est issu lui-même d'une famille avec une longue histoire de troubles anxio-dépressifs. L'anxiété est-elle innée ou apprise ? Aujourd'hui, nous ne sommes pas en mesure de répondre clairement à la question, mais la réponse la plus probable est qu'il s'agit d'une relation complexe entre l'environnement et le programme génétique. Certains spécialistes invoquent le terme « terrain héréditaire », sans se prononcer plus fermement quant à l'apport de la biologie. D'autres chercheurs (notamment ceux qui étudient le trouble obsessionnel compulsif) sont à la recherche de gènes qui jouent un rôle dans l'apparition de cette maladie.

Dans l'état actuel de nos connaissances, il est trop tôt pour rien affirmer. Le rôle de la génétique est indéniable, un nombre important d'études nous le laisse penser, mais les connaissances sont loin d'être solides et pour le moment, nous ignorons quels gènes (singulier ou pluriel) concourent à la genèse de l'anxiété. Notre expérience clinique de psychologues nous montre indéniablement que les enfants sont touchés par l'anxiété de leurs parents, ne serait-ce que par les aménagements que cela entraîne dans l'économie de la famille, mais qu'ils ne deviennent pas inexorablement anxieux par la suite.

Réduire le coût de l'anxiété

Les effets de l'anxiété sont importants. Le coût est porté par les familles, d'une part, et par la collectivité, d'autre part, d'où la nécessité de les réduire. Que peut-on faire pour réduire les dépenses et limiter les effets de l'anxiété ?

Nous pensons que la réponse se résume en un seul mot : prévenir. Il est nécessaire de soigner plutôt avant qu'après, de faire de notre société, nos entreprises, nos familles, des lieux moins propices à l'anxiété. Sur le plan individuel, nous pouvons nous en prémunir par une hygiène de vie correcte. Buvons moins de café et d'alcool, essayons de manger moins et plus équilibré, ne négligeons pas le sommeil.

Il est également important de rester enthousiaste et heureux de notre vie. Cela dépend en grande partie de nous-même.

Soyons attentif aux dérèglements, aux signes précurseurs d'un trouble. Agissons très tôt et évitons le trop tard. En cas de doute, consultons et n'attendons pas que le trouble soit enkysté. Au cours du chapitre 5, nous verrons plus en détail la question de la consultation : où, quand et comment consulter, mais disons déjà qu'il vaut mieux réagir rapidement que de laisser pourrir une situation, de sur-réagir au lieu de sous-réagir. L'anxiété se soigne ; n'attendons pas pour la faire soigner. Et surtout, cessons d'avoir honte d'admettre que quelqu'un parmi nous souffre de difficultés psychologiques.

Chapitre 2

COMMENT AIDER L'ANXIEUX

INITIER LE CHANGEMENT

Ce chapitre ne vise pas à donner de simples recettes de cuisine. Vous y trouverez certains principes pour améliorer une situation qui s'est dégradée au fil du temps. Ils visent à modifier un équilibre insatisfaisant qui s'est progressivement installé entre l'anxieux et son entourage, dont vous faites partie. Dans un groupe, chacun assume un rôle particulier.

Avec le temps qui passe, ces rôles se figent, au détriment de la communication. Votre partenaire[1] *s'appuie sur vous, et vous jouez le rôle du pilier. Plus le temps passe et moins vous êtes capables l'un et l'autre de bouger car cet équilibre vous donne une certaine sécurité.*

1. Nous appellerons l'anxieux que vous côtoyez votre « partenaire ». Car le changement ne peut se faire que dans un esprit de collaboration, et l'objectif est de vous rendre service mutuellement.

Or, c'est en cessant de jouer le rôle de pilier que vous permettrez à votre partenaire de jouer un autre rôle. Cette idée n'est pas facile à admettre et à mettre en pratique, car rompre un équilibre revient à traverser une crise passagère, faite de doutes, de culpabilité et... d'anxiété. Mais le résultat obtenu est à la hauteur de vos efforts et surtout, de votre persévérance dans l'effort. Pour vous aider à provoquer ce changement, nous vous présentons dans un premier temps des principes généraux qui ont fait la preuve de leur efficacité. Lisez-les attentivement car, pour les adapter à votre propre expérience, il est nécessaire de bien les comprendre. De nombreux exemples, en fin de chapitre, vous suggèrent la marche à suivre, mais répétons-le : chaque cas est unique et ce sera à vous de tirer parti de ces exemples pour les adapter à votre situation personnelle.

Peut-être aimeriez-vous savoir avec quel type d'anxieux vous vivez ? Nous vous indiquons au chapitre 3 quelques signes importants qui vous permettront de répondre à cette question. Cette classification, qui fait aujourd'hui l'objet d'un large consensus chez les spécialistes, nous permettra de passer du cas général au cas particulier. Puis nous donnerons une illustration concrète et spécifique de ces types d'anxiété.

Si un changement est possible, il n'est pas toujours facile de l'obtenir. Peut-être en avez-vous déjà fait la cuisante expérience, et vous sentez-vous découragé(e). Malheureusement, il ne s'agit pas d'appliquer vaguement quelques recettes. Trois ingrédients sont indispensables pour réussir : l'envie de faire changer les choses (ce qui n'est pas toujours rassurant), la persévérance (agrémentée d'une bonne dose d'optimisme) et enfin une méthode. Celle que nous vous proposons ici est issue de notre pratique quotidienne. Elle se réfère aux techniques cognitivo-comportementales dont l'efficacité n'est plus à démontrer, dans le domaine des troubles anxieux en particulier.

Aurélie, vingt ans, présente depuis trois mois une peur de s'étrangler en avalant des aliments solides. Pourtant, jadis, cela ne la gênait nullement de croquer dans une pomme. Pourquoi cette phobie s'est-elle progressivement installée ?

Sans nous livrer à des spéculations hasardeuses, contentons-nous d'admettre un postulat : nous ne naissons pas angoissés et peureux, mais nous *apprenons* à réagir ainsi. Cet apprentissage de réponses inadéquates a lieu tout au long de notre développement, et ce développement ne cesse pas avec la puberté. Tout au long de la vie, nous apprenons des comportements, des opinions, ou des attitudes. Ceux-ci peuvent être bénéfiques ou bien néfastes suivant qu'ils sont adaptés ou non à la situation. Mais plus grand est notre éventail de comportements et mieux nous nous adaptons aux différentes situations vécues. Pour simplifier, disons que l'anxieux a un répertoire de comportements réduit. Il plaque une attitude ou un comportement appris sans vraiment s'adapter. Par conséquent, cette façon de réagir est souvent inadéquate. Nous avons intérêt à développer notre répertoire de comportements pour ne pas être en proie à l'anxiété, pour répondre de façon appropriée à n'importe quelle situation.

L'ouvrier bien outillé sera plus efficace dans son travail puisqu'il pourra choisir l'instrument le mieux adapté.

Cet apprentissage peut donc s'accomplir dans le présent, dès aujourd'hui. Bien mené, il peut conduire à de profonds changements chez l'individu et dans son entourage.

Poser le problème : ce qui ne va pas, ce que je veux

En psychologie, la parole est d'or. Parlez à l'anxieux. Dites-lui, sans être blessant ou agressif, que vous avez perçu un problème. C'est aussi bien votre problème que le sien, puisque, vous aussi, la situation vous dérange. Dites-lui en quoi vous êtes gêné. Tout commence donc par une interrogation personnelle. Cet examen de conscience vous permet de mettre en mots ce qui ne va pas et de le communiquer en termes choisis.

Cette étape est nécessaire car, une fois posé clairement, le problème est déjà « à moitié résolu ». En outre, le fait de reconnaître le problème et d'en parler a un rôle apaisant immédiat. Combien de fois un simple dialogue nous a-t-il permis de démêler l'écheveau des problèmes, de mieux comprendre leur nature et de savoir comment y faire face ! En une ou deux séances, l'anxieux pouvait retrouver une sérénité oubliée ! Si ces personnes avaient pu ou su trouver une oreille attentive dans leur entourage, cela aurait suffit à les améliorer.

Mais il n'est pas toujours facile d'exprimer ce qui ne va pas. Voici ce que nous vous suggérons pour faciliter cette démarche :

— Prenez un papier et un crayon.

— Notez tout ce qui ne va pas sans vous censurer. Que désirez-vous voir changer ?

Voici un exemple :

Vous en avez *assez* de rassurer votre collègue de bureau sur son état de santé. Tous les midis il vous rabâche les mêmes inquiétudes. Vous êtes à court d'arguments pour le rassurer. Son attitude vous a amené à vous *sentir impuissant* à l'aider. Ce sentiment s'accompagne de *tristesse* ou de *colère*. Dans ce cas vous dites « *il ne m'écoute pas* ». « Ce que je lui dis ou rien c'est la même chose ». Vous vous sentez *frustré car vous ne pouvez lui parler de vos propres préoccupations*. Vous songez sérieusement à changer de compagnon pour le déjeuner.

Voici tracée la situation en quelques phrases. Les mots en *italique* correspondent aux sentiments diffus que vous pouvez ressentir dans cette situation particulière. Une fois écrits, les sentiments ressentis sont beaucoup plus clairs pour vous et vous pouvez les communiquer. Maintenant, vous pouvez en faire deux listes :

Première liste : ce qui ne va pas pour moi

— Ras-le-bol de cette situation qui se répète.

— Me sentir impuissant, incapable d'aider ou de rassurer le compagnon.
— Colère ou tristesse.
— Conséquence : frustration et éloignement envisagé.

Seconde liste : ce que j'aimerais voir changer
— Parler d'autre chose au moins pendant la moitié du repas.

Conseil : pensez à lui dire en termes clairs et surtout précis ce que vous voulez. Ici, par exemple, nous proposons à l'anxieux de parler d'autre chose. Non pas tout le temps, mais pendant un temps bien défini et donc plus facilement contrôlable.

En parler avec l'anxieux

Une fois écrites vos listes, parlez-en avec l'anxieux. Cet échange aura plusieurs avantages : montrer que vous reconnaissez l'existence d'un problème, faire savoir ce que vous en pensez, ce que vous désirez voir changer. Mais il est parfois délicat de faire passer ce genre de message ; parce que l'anxieux n'a peut-être pas envie d'en discuter, ou simplement parce que vous-même n'osez pas aborder une telle discussion, ne sachant comment vous y prendre.

Voici donc quelques conseils pour vous y aider :

— *Un premier conseil : soyez directs* ; ne passez pas par un intermédiaire. L'expérience montre que le fait de laisser à d'autres le soin de résoudre un conflit aboutit souvent à envenimer les choses, pour la simple raison que vous êtes le seul à pouvoir dire ce qui ne va pas pour vous. Ayez confiance en vous. C'est vous qui détenez la clé du problème.

— *Evitez de paraître agressif* en dévalorisant l'autre. Pour cela, vous pouvez dire que vous vous sentez concerné, que l'autre n'est pas le seul responsable de votre malaise. D'autre part, cela sera l'occasion pour l'autre d'exprimer ce qu'il a à dire sur le sujet ; sachez l'écouter et respecter sa parole.

Dites-lui

— Ton anxiété a des conséquences négatives pour moi.
(expliquer lesquelles)

— Tes craintes me paraissent excessives et cela finit par m'exaspérer. J'aimerais qu'on essaie ensemble de résoudre ce problème.

Ne dites pas

— tu es anxieux.

— Tu es hypochondriaque, va te faire soigner !

— *Evitez d'accuser.* Vous provoqueriez une plus grande anxiété ou culpabilité ; ce qui ne ferait qu'envenimer la plaie.

Dites-lui

— Essaie de rester tranquillement assis devant ce chien qui aboie. Il ne t'arrivera rien. Je vais rester avec toi si tu veux.

Ne dites pas

— Tu ne sais pas te contrôler. Il faut toujours que tu t'enfuies.

— *Posez le problème en termes concrets et précis.* Evitez d'être vague.

— *Transformez votre critique en une demande positive de changement.* En effet, il est plus facile de remplacer un comportement par un autre que de supprimer purement et simplement le comportement inadéquat.

Dites-lui

« JE »

— J'aimerais que, lorsque nous déjeunons ensemble, on ne parle plus de ta santé.

— J'aimerais que tu cesses de me demander trois fois par jour de ranger mes affaires. D'ailleurs, j'estime qu'elles sont suffisamment bien rangées maintenant.

Ne dites pas

« TU »

— Tu n'es pas un convive agréable.

— Tu m'énerves à être toujours derrière moi à me critiquer.

En vous exprimant ainsi vous ouvrez une discussion. Profitez de cette opportunité pour passer à l'étape suivante : la recherche d'un compromis et d'un objectif commun.

Définir un but

Avoir un but vous permet plusieurs choses : d'abord d'être au clair avec ce qui ne va pas aujourd'hui, de savoir d'où vous partez et où vous allez. Cette évaluation doit être faite car c'est ainsi que vous pourrez mesurer les progrès avec objectivité. Nous savons combien il est satisfaisant de constater les progrès accomplis, et cela nous incite à aller encore plus loin. Alors pourquoi s'en priver ?

Choisir son moment

Choisissez le bon moment pour négocier. Il est nécessaire que vous-même et votre partenaire soyez dans de bonnes dispositions pour vous engager dans un processus de changement. Cela signifie être calme à ce moment-là, être motivé. Il est préférable de le laisser arriver et souffler quand il rentre du travail, ou de se lever tranquillement le matin sans l'assaillir au saut du lit. Assurez-vous que votre partenaire soit disponible. Peut-être a-t-il d'autres préoccupations ? Alors n'insistez pas, mais proposez-lui un rendez-vous pour en parler. C'est déjà une première négociation.

Négocier

Définir un objectif commun implique une véritable négociation avec votre partenaire. Vous avez vos objectifs, vos désirs de faire changer ce qui ne va pas et lui a les siens. Il faut trouver un terrain d'entente. Pour bien mener cette négociation, il est important tout d'abord de *garder son calme*. Les exercices de relaxation indiqués au chapitre suivant vous y aideront. Vous avez pris soin à l'étape précédente d'être tout à fait au clair avec ce que vous voudriez voir changer. Informez-en votre partenaire. Ensuite informez-vous de ce qu'il souhaiterait lui-même voir changer. Ayez soin de rester très ouvert et de prendre en compte tout ce que vous dit l'autre. Quels sont ses arguments ? Quelles sont ses difficultés ? Que désire-t-il ? Votre esprit d'ouverture vous aidera grandement. En se sentant compris et écouté, votre partenaire s'impliquera plus volontiers dans un effort de changement. De votre côté, n'hésitez pas à faire connaître votre point de vue, c'est non seulement votre droit, mais c'est aussi une nécessité. Considérez qu'en faisant cela vous l'aidez réellement. Vous lui offrez une représentation de la situation autre que la sienne. Vous l'aidez à se décentrer par rapport à son propre univers, à prendre de la distance vis-à-vis du problème. Bien sûr, en donnant votre opinion, vous prenez un risque limité : celui de vous trouver en désaccord. Attendez-vous à cet éventuel désaccord et acceptez-le comme le prélude à une négociation fructueuse et constructive. Il est parfois difficile de discuter et de s'opposer sans tomber dans l'agressivité. Mais une saine discussion est à la source d'un changement bénéfique. Elle est préférable à un faux accord superficiel et tacite qui maintient le problème simplement parce que l'un des partenaires, ou les deux, ont renoncé.

Etablir une liste d'objectifs

La première chose à faire est de choisir un but qui soit à la fois précis et réalisable. Dans un second temps, nous le verrons, vous chercherez les buts intermédiaires qui vous amèneront progressivement vers ce but final.

Commencez par un seul objectif qui soit assez simple à atteindre et qui corresponde à une réelle envie de changement de la part de l'anxieux.

Entre deux objectifs à peu près équivalents sur le plan de la difficulté, choisissez celui qui vous semble le plus utile ou le plus agréable.

Voici, à titre d'illustration, quelques exemples d'objectifs généraux. A vous ensuite de trouver les étapes intermédiaires pour y parvenir :

— Votre partenaire est un véritable « maniaque » du ménage. Vous ne pouvez plus faire de sorties ensemble car il n'en trouve plus le temps. Il souffre de perdre beaucoup de temps dans la semaine à cette activité. Proposez-lui de la limiter progressivement. Par exemple, l'objectif final pourra être de faire le ménage une ou deux fois par semaine, plutôt que tous les jours.

— Votre vie sociale s'appauvrit car vous ne pouvez plus recevoir grand monde à la maison. Votre partenaire craint la saleté et le désordre. En même temps, il souffre de son isolement.

Objectif : recevoir chez vous des amis proches. Faites ensemble une liste des personnes de l'entourage, en allant de celle qui pose le moins de problème à celle qu'il serait le plus difficile de laisser entrer (par exemple un enfant turbulent), puis augmentez progressivement la liste des personnes susceptibles d'être conviées.

— Vous êtes inquiet de voir votre partenaire végéter dans le chômage, simplement parce qu'il n'ose pas rencontrer un futur employeur. Il évite de prendre des rendez-vous malgré un besoin urgent de trouver du travail. Il éprouve d'une façon générale des difficultés à faire une demande : voici un programme possible, à suivre progressivement, sans brûler les étapes et en répétant le plus possible chacune de ces situations :

1) Il peut, dans un premier temps, se diriger vers des gens plus faciles à aborder, et leur demander quelque chose de précis. Accordez-vous sur ce qu'il peut demander.

2) Parler de lui à des proches, à des amis.

3) Parler de sa recherche d'emploi : dans quel secteur, quelle est sa formation, quelles sont ses compétences, ses désirs...

4) Demander à des amis ou à des proches s'ils peuvent l'aider dans cette démarche.

5) Simuler avec un proche un entretien d'embauche (voir plus loin le jeu des rôles).

6) Prendre rendez-vous avec plusieurs employeurs et s'y rendre.

Ce dernier exemple est fictif. Il vous présente différentes situations classées par ordre de difficulté ; de la plus facile à la plus difficile. Votre tâche est d'aider votre partenaire à construire sa propre liste de situations hiérarchisées. Le nombre d'étapes peut varier. Ici il y en a six, vous pouvez en définir douze ou vingt. Plus le nombre d'étapes intermédiaires est grand et plus la progression est facile. Mais elle est aussi plus lente. A vous de choisir un moyen terme entre la difficulté et la rapidité dans la progression du travail. Dès le départ, donnez-vous toutes les chances d'expérimenter le succès pour être encouragés à persévérer.

Hiérarchiser les objectifs

Comment faire pour atteindre plus facilement ses objectifs ?

— Vous avez défini clairement et simplement la (ou les) situation-problème.

— A présent, reprenez cette liste et définissez en détail chaque situation, en les classant de la plus difficile à la plus facile à affronter.

— Faites une hiérarchie pour chacune des situations-problème définies comme vos objectifs.

Exemple :

Votre objectif final est de demander l'heure à un inconnu :

Voici votre hiérarchie d'étapes intermédiaires. Ces situations sont ordonnées de la plus facile (1) *à affronter à la plus difficile* (10). *Nous avons souligné tous les éléments importants qui rendent la situation plus facile à aborder.*

10) *Demander l'heure à une femme en uniforme, accompagnée, et qui a l'air occupée ou semble pressée. Il y a du monde autour, et je suis seul(e).*

9) *Demander l'heure à une femme en uniforme, accompagnée, et qui a l'air occupée ou semble pressée.* Il n'y a personne autour, *et je suis seul(e).*

8) *Demander l'heure à une femme en uniforme, accompagnée, et qui a l'air occupée ou semble pressée.* Il n'y a personne autour et je suis accompagné(e).

7) *Demander l'heure à une femme en uniforme, accompagnée et* qui n'a pas *l'air occupée ou ne* semble pas *pressée.* Il n'y a personne autour, et je suis accompagné(e).

6) *Demander l'heure à une femme en uniforme,* seule, *et qui* n'a pas *l'air occupée ou* ne semble pas *pressée.* Il n'y a personne autour, *et* je suis accompagné(e).

5) *Demander l'heure à une femme* en civil, seule, *et* qui n'a pas *l'air occupée ou* ne semble pas *pressée.* Il n'y a personne autour, *et* je suis accompagné(e).

4) *Demander l'heure à* un homme *en uniforme, accompagné et qui a l'air occupé ou semble pressé. Il n'y a personne autour, et je suis seul(e).*

3) *Demander l'heure à* un homme *en uniforme, accompagné, et qui a l'air occupé ou semble pressé.* Il n'y a personne autour, et je suis accompagné(e).

(Complétez éventuellement par d'autres étapes intermédiaires.)

0) *Demander l'heure à* un homme en civil, seul, *et* qui n'a pas *l'air occupé ou* ne semble pas *pressé.* Il n'y a personne autour, *et je suis accompagné(e).*

Faites votre liste d'étapes intermédiaires à partir de votre objectif

Classez ces étapes par ordre croissant de difficultés.

1)

2)

3)

4)

5)

6)

7)

8)

9)

10)

Mise en pratique du programme de changement

MODIFIER LES COMPORTEMENTS

Une règle d'or : il faut affronter les situations redoutées

Vous avez défini avec votre partenaire un certain nombre d'objectifs. Ce n'est pas un hasard s'ils ont un caractère pratique, précis et concret. Il doit en être ainsi puisqu'ils sont à la base de votre programme de changement. Ces changements doivent être concrets et mesurables.

La mise en pratique consiste pour l'anxieux à s'exercer à se comporter différemment dans une situation donnée. Ainsi, pour ne pas être anxieux, le moyen le plus souvent utilisé est d'éviter de se trouver dans une situation qu'il redoute. Par exemple, s'il craint les ascenseurs, il préfèrera monter à pied dix étages plutôt que d'affronter son anxiété. Mais ces évitements contribuent à figer le problème en l'état ; à le maintenir quand ils ne l'aggravent pas. Affronter la situation permettra à l'anxieux de remplacer des comportements inadéquats (fuite, panique, inhibition, agressivité...) par des comportements plus adaptés et plus satisfaisants.

Il existe plusieurs manières de s'entraîner à apprivoiser une situation anxiogène :

— s'exposer à une situation réelle ;
— jour des rôles ;
— imaginer ou visualiser cette situation.

L'exposition à une situation réelle

C'est la façon la plus directe de changer un comportement inadéquat. C'est aussi la plus rapide. Vous avez défini précédemment des situations que votre partenaire devra affronter graduellement. Pour le soutenir dans cette tâche, voici ce que vous pouvez faire :

• *L'accompagner,* par exemple, s'il craint de se rendre dans certains lieux ou s'il a besoin de vous pour limiter ses rituels. Mais cela n'est pas souhaitable, sauf si la situation est vraiment bloquée. Quoi qu'il en soit, après un certain nombre d'essais en votre compagnie, incitez votre partenaire à affronter seul la situation.

• *Lui montrer* ce qu'il faut faire en exécutant vous-même devant lui ce qui convient, et l'inciter à vous imiter.

• *Discuter au préalable* de l'exercice afin de s'y préparer en désamorçant l'angoisse. Vous pouvez parler de ses craintes, de ses appréhensions... Et des vôtres ! (Lisez le chapitre sur la restructuration cognitive.)

• *Encourager* et valoriser le moindre effort, le moindre progrès. N'hésitez pas à complimenter votre partenaire lorsqu'il a réalisé une action qu'il n'effectuait pas avant, même si celle-ci vous paraît très évidente et facile à accomplir. Pour l'anxieux, l'effort a pu être considérable. Ces encouragements sont très utiles car ils renforcent la probabilité d'apparition de comportements plus assurés. Autrement dit, en faisant plaisir à votre partenaire quand il a accompli un « exploit » (à sa mesure), vous augmentez les chances qu'il recommence.

• *Ne jamais forcer votre partenaire* à accomplir un exercice. S'il n'est pas d'accord, respectez sa décision et n'insistez pas. Engagez-le plutôt à agir selon ses motivations et ses désirs, c'est beaucoup plus efficace.

• Ces exercices d'exposition seront de préférence *répétés fréquemment* (tous les jours si possible) et devront *durer à chaque fois le plus longtemps possible,* afin de permettre à la réaction d'anxiété de s'estomper et de diparaître.

Michel ne pouvait pas s'essuyer avec une serviette après un bain. Il ne pouvait tenir une serviette sans la secouer plusieurs fois pour enlever la poussière. Le matin il était très long à se préparer dans la salle de bains, ce qui exaspérait son père au plus haut point. Or, chaque fois que son père lui disait de se dépêcher, cela augmentait son anxiété et le rendait encore plus lent. Suivant nos conseils, Michel s'est exercé dans un premier temps à toucher la serviette sans chercher à se débarrasser de cette invisible poussière. Puis, lorsque cet exercice fut devenu un jeu d'enfant, il passa à une opération plus difficile : s'essuyer les pieds après sa toilette. Une fois habitué à cette activité nouvelle, il réapprit à s'essuyer d'autres parties du corps très progressivement, jusqu'au visage. Avant de commencer ces exercices, Michel était doublement anxieux. Il ne croyait d'ailleurs pas du tout qu'il pourrait un jour se resservir d'une serviette. Il fut donc très étonné de ce succès. Mais son père ne se rendait pas encore compte qu'il s'agissait d'un réel progrès, ouvrant la voie à beaucoup d'autres. On ne peut le blâmer de ne pas s'être aperçu de ce changement : Michel ne parlait pas spontanément de ses angoisses, et le passage dans la salle de bains était source de conflit entre eux. Cependant, les choses auraient été sans doute plus faciles pour Michel si son père s'était montré plus patient (les progrès n'ont pas été immédiats), et plus encourageant.

Jouer des rôles

Il est plus pratique dans certains cas de s'exercer dans une aire intermédiaire entre la réalité et l'imagination. Le jeu de rôle est une sorte de terrain d'essais avant de se confronter à la réalité. Il n'est pas toujours facile de trouver la situation réelle à la demande. Il est alors utile d'avoir recours au jeu de rôle. Vous pouvez ainsi aider votre partenaire à préparer un examen, un entretien difficile, et toutes les situations où la relation à autrui s'avère délicate, où votre partenaire a tendance à ne pas s'exprimer, à éviter de parler aux autres de peur d'être rejeté, jugé. Peut-être est-il de ceux qui passent du mutisme à la crise de colère et désarçonnent l'entourage ? Jouer son rôle avec vous peut alors être utile aussi. Cependant, s'il manque d'affirmation vis-à-vis de vous, c'est plutôt en dialoguant avec lui qu'en jouant des rôles que vous résoudrez le problème.

Comment faire ?

• *Précisez bien le scénario.* Qui parle, quelle est la nature des relations entre les personnages ? Quel est le problème ? Dans quel contexte se présente-t-il ? Où se passe la scène ? Que s'est-il passé ? Qu'est-ce que l'on pense de cette situation ?

Exemple : Votre fille Solène partage un appartement avec une amie étudiante : Sonia. Depuis deux mois, cette amie, à court d'argent, demande à Solène de payer l'intégralité du loyer. Cette situation ne peut plus durer car votre fille, qui n'a pas encore discuté de ce problème avec Sonia, est obligée de doubler ses heures de baby-sitting et a moins de temps pour travailler. Sonia est autoritaire et facilement blessante si on la contredit.

Vous jouerez la scène où Solène demande à Sonia de lui rembourser ce qu'elle lui doit et de payer dorénavant son loyer.

• *Vous jouez maintenant les deux rôles.* Ici vous jouez le rôle de votre fille Solène, votre fille jouera Sonia. Ainsi elle va pouvoir, d'une part, adopter un autre point de vue que le sien, s'exercer à jouer dans un autre répertoire ; d'autre part, elle verra ce que quelqu'un d'autre pourrait dire à sa place.

• *Echangez les rôles.*

• *Faites le bilan à la fin du jeu de rôle :* Comment l'échange s'est-il passé ? En êtes-vous satisfait(e) ? Que faudrait-il faire pour rendre cet échange encore plus satisfaisant ?

• *Reprenez le jeu de rôle jusqu'à être pleinement satisfait* (Ici : de l'attitude de Solène.)

Imaginer ou visualiser la situation

On peut aussi, dans un premier temps, s'entraîner à affronter une situation en imagination. C'est un exercice particulièrement utile quand on ne peut pas la rencontrer souvent en réalité. Par exemple, lorsque l'anxieux craint d'être opéré, d'aller chez le dentiste ou de prendre l'avion, ou bien s'il est soucieux à l'idée d'affronter des disputes, des conflits. Ces situations peu fréquentes peuvent aisément être rejouées en imagination. Le but est de parvenir à penser à une situation difficile sans en éprouver trop d'angoisse.

En pratique

• Faites une liste graduée des situations angoissantes en fonction d'un objectif donné. Voyez par exemple la liste des situations pour demander l'heure à quelqu'un. Ne cherchez pas à enjoliver la scène. Comme dans les exercices précédents, écrivez les scénarios tels qu'ils existent. Rappelons qu'il s'agit d'affronter l'anxiété pour ne plus en avoir peur ; c'est le contraire de la politique de l'autruche.

• Faites imaginer ou visualiser à votre partenaire chaque scène de la façon la plus réaliste possible. Votre partenaire ferme les yeux et se concentre sur la première scène que vous lui décrivez. Vous commencez naturellement par la plus facile pour progresser ensuite dans la difficulté. Prenez votre temps pour vous concentrer sur la scène. Répétez l'exercice tous les jours et ne passez à la scène suivante que lorsque la précédente ne suscite que peu ou pas d'anxiété.

• Pour chaque scène, évaluez la réaction émotionnelle. Quel degré d'anxiété ressent-il ? (pas du tout d'anxiété, un peu d'anxiété, anxiété moyenne, anxiété forte, anxiété très forte) ?

• Entre chaque séance, vous pouvez proposer à votre partenaire d'affronter la scène dans le réel.

— Comment faire garder la petite dernière deux soirs par semaine ?

— Comment résoudre le problème du remboursement des traites pour l'achat d'une maison ?

— Quand il arrive à la maison le soir après le travail, François se sent exclu de la famille. Ou, au contraire, envahi par les demandes de sa femme et de ses enfants. Si bien que tout se termine le plus souvent en disputes et en pleurs.

— Au travail, on lui demande souvent des tâches qui ne relèvent pas de ses fonctions. Il rentre le soir très irritable, et n'est pas à prendre avec des pincettes.

Voilà quelques exemples de problèmes auxquels l'anxieux et son entourage peuvent se trouver confrontés. Certains anxieux se sentent débordés et ne savent comment agir. Ils font alors largement « profiter » leur entourage de leur désarroi ! Pourquoi ne pas leur proposer de résoudre avec eux ce problème ? Il existe une stratégie qui permet de mieux s'adapter aux aléas de la vie quotidienne, de mieux faire face au stress. En outre, suivre cette stratégie aidera l'anxieux à se débrouiller plus facilement seul.

Voici cette stratégie :

• *Passer d'une plainte vague à une description précise du problème.* Exemple : au départ, la plainte est trop vague : « je vais finir sous les ponts ». Après avoir cherché des précisions, le problème fut reformulé en termes plus concrets : « Je n'ai pas assez d'argent pour mon loyer ce moi-ci. De nombreuses traites m'empêchent de le payer et j'ai reçu des menaces du propriétaire. Sans ce loyer onéreux, je pourrais m'en tirer. »

• *Déclencher un déluge d'idées :* Vous inventoriez, si possible à plusieurs, le plus grand nombre de solutions possibles sans aucune censure. Ecrivez-les toutes sur un papier, même celles qui vous semblent folles, idiotes, ou irréalisables. Le principe ici est d'avoir le maximum d'idées et la sélection se fera ensuite.

Exemple : demander à passer en commission de surendettement qui rééchelonnera les paiements. Faire une demande d'habitation à loyer modéré. Consulter une assistante sociale spécialisée, ou un élu de ma mairie. Demander une augmentation ou rechercher un travail plus lucratif. Emprunter à mon entourage. Me restreindre sur certaines dépenses superflues (dire lesquelles), etc.

• *Evaluer chaque solution :*

— Est-elle réalisable ou faut-il prévoir des aménagements pour pouvoir la réaliser ?

— Quels sont ses avantages et ses inconvénients ?

— Si j'applique cette solution, quelles seront les conséquences sur ma vie relationnelle et matérielle, sur celle de mon entourage ?

Exemple : si je cherche un autre travail, je n'aurai plus le temps de m'occuper de ma famille ! or, celui que j'ai actuellement me laisse du temps. Mais je peux me renseigner pour savoir si des opportunités existent. Consulter une assistante sociale m'apportera peut-être des renseignements utiles sur les aides existantes adaptées à ma situation. Elle pourrait peut-être me soutenir dans une demande de logement. De toute façon, il n'y a rien à perdre à faire cette démarche. Etc.

• *Choisir :*

Choisissez une ou plusieurs solutions car elles peuvent être complémentaires.

Assurez-vous qu'elles sont réalisables. On trouve rarement LA solution idéale.

• *La mise en chantier :*

Incitez l'anxieux à appliquer tout de suite la solution adoptée. Ne le laissez pas attendre et se morfondre. Par quoi va-t-il commencer ? Découpez la procédure en petites étapes quotidiennes. Le soir, évaluez ensemble cette action et examinez les problèmes rencontrés en envisageant les solutions.

• *Evaluer et adapter sa stratégie :*

Après avoir appliqué la ou les solutions, demandez-vous si vous êtes parvenu au résultat attendu. Reprenez la définition du problème. Est-ce que maintenant je peux payer le loyer ? Si le résultat ne vous satisfait pas, recommencez toutes les étapes en partant d'une nouvelle définition du problème.

Conseil : pour vous habituer à cet exercice, il est préférable de commencer à vous entraîner sur des problèmes plus simples et anodins que celui de notre exemple.

MODIFIER LES ERREURS DE JUGEMENT : NOS COGNITIONS ONT UNE INFLUENCE SUR L'ANXIETE

Pourquoi faut-il se préoccuper de nos cognitions, c'est-à-dire du contenu de nos pensées ?

Notre perception du danger influence notre état mental

Certaines études de psychologie ont montré que, lorsqu'un film est visionné, le commentaire qui l'accompagne va déterminer notre réaction émotionnelle. Si le ton est dramatique et le commentaire alarmiste, nous serons plus troublés que si les événements sont présentés sous leur bon jour, les images restant strictement les mêmes par ailleurs.

Ce que nous nous disons à nous-même, nos monologues intérieurs, sont plus ou moins conscients. Souvent nous ne réalisons pas l'existence de ces monologues et pourtant, nous avons une impression de malaise. Selon A.T. Beck, du fait que ces monologues sont inconscients, nous agissons comme s'ils étaient vrais sans être capables de prendre du recul par rapport à ces idées ; sans pouvoir les critiquer.

Gisèle, dame citadine, doit retrouver des amis qui habitent à la campagne. Pour raccourcir le trajet, il lui faut traverser un champ de hautes herbes. A ma demande, elle a noté dans un carnet les monologues suivants : « les araignées sont nombreuses dans les champs, je vais forcément en toucher sans le vouloir, elles vont me grimper dessus, et me piquer ». Ces pensées s'étaient imposées en elle au moment où elle s'apprêtait à traverser le champ. Que croyez-vous qu'il arriva ? Gisèle reprit sa voiture pour faire le tour du champ, allongeant ainsi le parcours d'une vingtaine de kilomètres. On voit ici quelles conséquences sur les comportements et sur la peur ont eu ces monologues alarmistes et cette perception exagérée du danger. Il est donc important d'arriver à prendre conscience de ces monologues intérieurs automatiques, afin de pouvoir les modifier et, surtout, pour avoir une idée plus réaliste et moins dangereuse de la situation.

Le danger est perçu à travers une loupe grossissante

Les anxieux, plus que les autres, ont une perception exagérée du danger. Il est comme grossi à la loupe, si bien que tous les éléments rassurants dans l'environnement sont négligés. Par exemple, si j'ai la phobie des oiseaux, mon attention sera dirigée vers tout ce qui me rappelle la présence des oiseaux. L'oiseau est pour moi une source potentielle de danger. Je serai hypervigilante et détecterai les moindres indices de la présence d'un oiseau : un pépiement à la cime d'un arbre, une ombre sur le sol ou un frôlement d'ailes. Vous qui n'êtes pas phobique, ne percevez pas tous ces signaux, car vous n'avez pas programmé en vous le besoin de vous protéger des oiseaux. Vous avez la capacité de le faire mais pas le besoin. L'anxieux qui craint les oiseaux commence à se sentir mal à l'aise dès qu'il en voit un à 200 mètres car *il surestime le danger et néglige dans le même temps certains éléments rassurants.* Par exemple, la faible probabilité que l'oiseau s'approche volontairement d'une personne ; sa tendance naturelle à fuir les humains plutôt qu'à les approcher.

Que redoutent les anxieux ?

Leurs préoccupations, très variées, sont regroupées autour de deux axes : l'exagération des dangers et la peur de perdre le contrôle.

L'exagération des dangers caractérise la pensée des anxieux. La peur de la maladie, des accidents, de la mort est très courante chez eux. Mais il existe aussi d'autres craintes : peur pour les proches, la famille, qui encourent peut-être les pires dangers. Inquiétudes quant au travail, comme par exemple la peur d'être licencié ou de finir sous les ponts. Parfois les craintes sont moins précises, comme la crainte de l'avenir.

La peur de perdre le contrôle est aussi très fréquente. Par exemple, l'agoraphobe[1] qui se trouve dans une foule aura peur de se mettre à hurler sans raison, ou de s'évanouir. Il peut s'agir d'une peur qui implique les autres ; notamment des êtres vulnérables, des enfants. Les cousins de Laurent étaient bien ennuyés

---

* Agoraphobie : voir page 120.

car ils pensaient que celui-ci n'aimait pas leurs enfants. En effet, Laurent refusait systématiquement de garder ses neveux tout seul. En fait, il redoutait de perdre son calme et de les blesser physiquement. Il n'en a jamais parlé à son entourage, qui ne comprenait pas cette attitude. Dans les cas extrêmes, la peur de perdre le contrôle de soi devient la peur de sombrer dans la folie, et de se retrouver en hôpital psychiatrique.

Dans certains cas, les pensées négatives concernent l'absence de contrôle sur la situation elle-même, et non plus l'auto-contrôle. On retrouve ces idées chez ceux qui ont peur des transports. Par exemple, Robert se sent mal à l'aise quand il doit prendre un avion de ligne (ce n'est pas lui qui le conduit), alors que cela ne lui pose pas de problème de conduire durant le week-end un avion de tourisme. Il se dit : « l'avion pourrait avoir un pépin et je vais rester là, cloué à mon siège, sans pouvoir agir ».

Comme on l'a vu pour Gisèle, ces pensées, ces monologues alarmistes suscitent ou aggravent une anxiété déjà présente. Ils empêchent de vivre normalement en goûtant le moment présent. Ils renforcent les comportements inadéquats des anxieux : fuite, inhibition, ou agressivité. Pourtant, lorsque l'anxieux les évoque à distance de la situation inquiétante, il est parfaitement capable de critiquer ces pensées automatiques erronées. Gisèle reconnaît volontiers qu'il était incongru de faire un grand détour pour rejoindre ses amis. Mais lorsqu'elle était confrontée à la situation, comme tous les anxieux, elle avait perdu tout sens critique et réagissait en fonction d'une fausse perception de la situation.

Aider l'anxieux à raisonner plus juste dans les moments critiques : la restructuration cognitive

La plupart d'entre nous avons des idées catastrophiques de ce genre à certains moments ; mais nous parvenons le plus souvent à relativiser ces craintes, à nous rassurer tout seuls.

Pour aider l'anxieux à surmonter son anxiété, il faut lui montrer comment relativiser lui-même ses idées négatives et automatiques. Ne lui imposons pas notre propre conception de la situation car il ne l'admettra pas. Peut-être l'avez-vous déjà remarqué, lorsque nous cherchons à rassurer l'anxieux, il se produit souvent l'effet paradoxal suivant : il recherche encore plus activement les éléments qui peuvent démentir nos propos. André était souvent préoccupé de l'état de son cœur. Lorsqu'un cardiologue lui affirmait qu'il n'avait rien, cela ne le rassurait pas vraiment car aussitôt il pensait : « mon cœur va bien maintenant, mais il va finir par s'user prématurément à cause de mon anxiété ».

André gagnerait à utiliser un nouvel outil qui l'aiderait à transformer ses idées erronées en idées plus réalistes. Appelons cet outil « restructuration cognitive ».

Comment prendre conscience des pensées négatives qui rendent l'univers menaçant ?

Les pensées qui nous traversent l'esprit sont souvent si fugaces qu'elles ne sont pas conscientes. Comment, dès lors, les faire émerger à notre conscience ?

• *Choisir le « bon moment »*

Ce bon moment est un moment critique où votre partenaire manifeste de l'anxiété. Soyez particulièrement vigilant lorsque vous vous trouvez dans une situation qui provoque habituellement l'anxiété. Par exemple, on lui apprend qu'il doit prendre l'avion et vous savez très bien qu'il en a horreur. Ou bien il doit passer un coup de fil, et vous savez que cela le rebute ; il se tient hésitant devant l'appareil. Vous pouvez aussi lui demander de penser à une situation qu'il redoute. Par exemple, s'il a peur des guêpes, demandez-lui de penser qu'il se trouve dans un pique-nique à la campagne, et que soudain une guêpe vient se poser sur un morceau de fromage ou de viande, tout près de lui... Une autre façon de savoir si l'anxieux vit un moment critique est de faire jouer votre sens de l'observation. Tourne-t-il en rond dans la pièce sans rien faire de constructif ? Vous répond-il avec agressivité à une question anodine ? Est-il plus figé, ou au contraire plus agité que d'habitude ? Si la réponse est oui, vous vous trouvez dans un moment critique.

• *Révéler les pensées automatiques*

C'est à ce moment que vous pourrez lui demander ce qui lui traverse l'esprit.

— S'il vous dit : « je suis inquiet », demandez-lui alors : « Y a-t-il une idée qui t'inquiète ? »

Il s'agit de retrouver des contenus de pensée

et non des émotions (inquiétude). Par exemple : « je me dis que la guêpe pourrait me piquer », ou « je vais bafouiller au téléphone et je passerai pour un idiot », ou « je ne pourrai pas prendre l'avion et je perdrai mon job ».

• *Chercher les arguments « pour »*

Une fois ces pensées négatives et automatiques mises en mots, verbalisées, vient la phase de raisonnement. Vous allez discuter ces pensées. Il ne s'agit pas de dire « c'est idiot de penser cela », il s'agit plutôt d'ébranler une conviction. A plus long terme, l'anxieux pourra, en répétant souvent cet exercice, limiter son anxiété en remettant systématiquement ses pensées automatiques en question. Demandez à votre partenaire : « quelles sont tes raisons, tes arguments pour penser cela ? » Faites-le réfléchir aux arguments « pour » ; aux arguments qui sont en faveur d'une réponse anxieuse. Curieusement il arrive souvent que l'anxieux, non seulement ne trouve pas d'argument mais encore trouve spontanément des contre-arguments !

• *Chercher les arguments « contre » : l'épreuve de réalité*

Si ce n'est pas spontané, vous pouvez aider l'anxieux à rechercher dans les faits et dans ses propres expériences tous les contre-arguments à ses idées négatives. Attention, ne brûlez pas les étapes. Ne commencez à rechercher les arguments « contre » que si vous êtes passés par toutes les étapes précédentes ! Il est souvent difficile de trouver des contre-arguments à ses idées négatives. Une longue habitude de la pensée anxieuse ne s'efface pas en un jour. Cet exercice devra être répété avec votre aide le plus souvent possible pendant plusieurs semaines avant de parvenir à ce raisonnement de façon plus spontanée.

Reprenons nos exemples :

Pensée anxieuse

« Je me dis que la guêpe pourrait me piquer. »

« Je vais bafouiller au téléphone et je passerai pour un idiot. »

« Je ne pourrai pas prendre l'avion. »

Contre-arguments

— Ce qui intéresse cette guêpe c'est la viande qui est posée là. Si je m'éloigne de cette nourriture, je ne cours pas le risque d'être attaqué.

— Quand je me concentre sur ce que j'ai à dire je ne bafouille pas. Cela ne m'est pas arrivé ces derniers temps. Même si je bafouille, ce qui compte c'est ce que je dis. Si mon interlocuteur est intelligent il ne se basera pas sur un simple cafouillage oral pour penser que je suis idiot.

— Je ne suis pas en danger de mort quand je fais une crise d'angoisse. Tout ce que je risque, c'est d'être un peu perturbé pendant la durée du voyage. Si je me relaxe, cela ira mieux.

Dans ce tableau nous avons donné quelques exemples de contre-arguments à la pensée anxieuse. *Cherchez-en le plus possible* pour chacune des pensées anxieuses que vous avez relevées.

Utilisez l'information dont vous disposez pour mieux évaluer la situation. Cette situation est-elle si alarmante ? La plupart du temps, si vous vous donnez la peine d'examiner toutes les données du problème, votre réponse sera non. Il est plus apte à se défendre contre l'anxiété. En effet, notre anxiété est étroitement dépendante de notre représentation de la situation. Or, le sujet anxieux ne dispose pas toujours d'une information rassurante, ou bien il néglige cette information pour se focaliser sur tout ce qui pourrait être alarmant. En un mot, il « gamberge ».

L'une des premières sources d'information c'est soi-même : savoir reconnaître un état anxieux et savoir qu'en lui-même un état anxieux ne représente pas un danger ; même si les manifestations physiques de cette anxiété sont parfois pénibles. Ceci est une première information d'importance pour ceux qui somatisent leur anxiété, comme nous le verrons plus loin.

Une autre source d'information souvent négligée par l'anxieux, ce sont ses propres expériences de succès. Ainsi, l'un des contre-arguments les plus efficaces consiste à amener votre partenaire à considérer ses succès et expériences positives passées. Lorsqu'il se dit « je ne serai pas à la hauteur » ou « cela va mal se passer », demandez-lui si la dernière fois qu'il s'est trouvé confronté à la même situation, il n'a pas su du tout y faire face. La réponse sera souvent étonnante : car il a souvent fait face ; au moins en partie, sauf une ou deux fois, et c'est sur cette petite fois-là qu'il se focalise, négligeant tous ses succès. Il peut vous répondre que cela s'est toujours mal passé (même si c'est peu fréquent). Peut-être a-t-il trop tendance à penser en tout ou rien ? Demandez-lui ce qui pourrait augmenter ses chances de succès aujourd'hui, et cherchez avec lui.

Ce simple exercice de questionnements, s'il l'accepte, ébranlera sa conviction première et l'amènera à dédramatiser.

Un dernier conseil : *en aucun cas* vous ne direz à l'anxieux qu'il pense de travers ; encore une fois soyez positif et ayez confiance en sa capacité à changer.

Pour aider l'anxieux à trouver ses propres repères, cessons de le rassurer

Vous avez remarqué que votre partenaire cherche souvent ses repères à l'extérieur de lui-même. En particulier, il vous demande souvent de pallier à ses insuffisances et d'être là pour le rassurer. Il est dépendant de vous. Cette dépendance vous pèse parfois ou au contraire vous donne le sentiment d'être important(e) à ses yeux. Ce sentiment gratifiant vous amène à répondre constamment à cette demande. Or, sans le savoir, vous renforcez cette dépendance en entrant dans le jeu de l'anxieux ; en lui servant de béquille, vous l'empêchez de retrouver une autonomie. Il se crée entre vous et votre partenaire un nouvel équilibre dans la dépendance. Cet état est rassurant, mais il a un effet aggravant sur l'anxiété en diminuant la capacité à vivre de façon autonome.

Pour sortir de ce système propre à entretenir l'anxiété, il faut que vous cessiez de suppléer votre partenaire à tout bout de champ, et que vous cessiez de le rassurer. Par exemple, s'il vous demande dix fois : « Ai-je bien fermé la porte ? » « Est-ce qu'il a eu un accident ? Je l'attendais à 10 heures et il est 10 h 15. » « Ne me trouves-tu pas un peu trop pâle aujourd'hui ? », ou encore : « Crois-tu que je vais réussir ? » ; répondez-lui simplement, en substance : « Je ne dois pas répondre à une telle question. » Bien sûr, vous lui aurez expliqué auparavant pourquoi il est inutile et même néfaste de répondre à ses questions ou à ses demandes de réassurance. Cela ne sera pas facile car la pression de l'anxieux est parfois très grande, et peut-être aurez-vous l'impression de faire preuve de cruauté. Mais vous devez, à ce moment, RE-SIS-TER ! Soyez certain que c'est ainsi que vous parviendrez à changer les choses. Ulysse, qui voulait entendre le chant des sirènes, s'était fait attacher au mât de son bateau par son équipage en lui recommandant de ne le détacher sous aucun prétexte même si lui, leur capitaine, le leur ordonnait. Ce qui devait arriver arriva : en entendant le chant si mélodieux des sirènes, Ulysse réclama à corps et à cris que son équipage le détache. Ce fut très dur pour ses compagnons de résister car Ulysse paraissait souffrir mille morts. Cependant, grâce à cette résistance, il eut la vie sauve. Comme pour les compagnons d'Ulysse, c'est sur vous que reposera le destin de l'anxieux.

Celui-ci doit *savoir et comprendre* pourquoi vous agissez de la sorte. Il n'est pas capable tout seul de résister au chant des sirènes et c'est en ne l'aidant pas que vous l'aiderez le mieux.

Dans le même ordre d'idées, mais sur un plan plus comportemental, vous avez tout intérêt à ne pas le suppléer lorsqu'il vous demande de l'accompagner ou de le remplacer dans telle ou telle activité.

Quels sont les écueils à dépasser ?

- *Vous n'êtes pas convaincu de la méthode.*

C'est sans doute le premier écueil à dépasser. Agissez, essayez la méthode, c'est le meilleur moyen de vous convaincre.

- *Il vous dit qu'il a beau raisonner, il croit toujours à son idée négative.*

Vous pouvez expliquer à l'anxieux l'intérêt pratique qu'il y a à ne pas être trop perfectionniste. Appliquer la méthode est déjà en soi un succès. S'entraîner à rechercher des contre-arguments, des alternatives aux pensées automatiques, permet d'ébranler des convictions, même si celles-ci persistent en partie. Demandez à l'anxieux d'évaluer ses croyances négatives avant puis après la restructuration cognitive. Si le degré de croyance en ses pensées négatives est passé de 80 % à 60 %, il ne faut pas vous dire : « c'est un échec, puisque la croyance persiste ». Il s'agit d'un succès réel même s'il n'est que partiel, il faut persévérer. En évitant de penser en tout ou rien on est beaucoup plus conscient des progrès qui se réalisent.

- *Il n'arrive pas à trouver seul des contre-arguments positifs.*

Votre calme et votre patience sont les garants de la réussite. Nous vous indiquons plus loin quelques exercices de relaxation qui vous aideront à garder la tête froide. Il est important au début que vous l'aidiez dans cette démarche en vous exerçant vous-même à rechercher des contre-arguments. Mais ne lui imposez surtout pas vos idées ; en lui mâchant trop le travail, vous pouvez bloquer ses progrès. N'oubliez pas que l'anxieux a tendance à vous laisser les rênes en main, ce qui le décharge de ses responsabilités, le soulage momentanément, mais a l'inconvénient de l'empêcher d'évoluer.

- *Il craint d'analyser ses pensées négatives.*

Certains anxieux évitent leurs propres pensées, de peur d'être encore plus angoissés. L'intérêt de prendre conscience de ses pensées négatives ne leur paraît pas évident. Dites-leur d'essayer car refuser d'essayer est en soi un évitement qui empêche d'évoluer. C'est comme si je préférais jeter directement mon linge sale à la poubelle plutôt que d'avoir le désagrément de voir les taches. Cela me coûte très cher, mais tant pis !

Faire cet exercice est difficile au début mais,

au bout de quelque temps, cela devient aisé et presque routinier.

SE RELAXER

L'anxiété psychique peut avoir des répercussions directes sur le fonctionnement de nos organes : palpitations, évanouissements, modifications de la tension artérielle, maux de tête, douleurs dans l'abdomen ou le thorax, dans la nuque ; la relaxation et le contrôle respiratoire sont des moyens efficaces pour diminuer ou éliminer ces symptômes.

C'est un moyen pour combattre l'anxiété, aussi bien que les petites et grandes tensions qui nous assaillent quotidiennement. Apprendre la relaxation est utile pour tout le monde. Vous-même y puiserez le calme nécessaire lorsque votre partenaire vous poussera à bout. Vous lui donnerez un modèle de sang-froid sur lequel il pourra s'appuyer. La sérénité, tout comme l'anxiété, se communique.

Vous pouvez pratiquer ces exercices ensemble, ou du moins lui indiquer la marche à suivre. Ces exercices sont très simples et rapides. Ils permettront à l'anxieux d'accroître sa confiance en lui en augmentant son sentiment de contrôle sur lui-même. De ce fait, il appréhendera moins de faire une crise d'angoisse et sa peur d'avoir peur s'atténuera.

Il existe de nombreuses manières de se relaxer et ce n'est pas l'objet du présent livre de se substituer à des cours complets de relaxation. Nous vous présentons seulement ici une méthode très simple et pratique. Mais prendre des cours plus approfondis de relaxation ne peut être qu'un atout de plus dans votre jeu.

DETENTE MUSCULAIRE

— Asseyez-vous sur une chaise en vous appuyant contre le dossier, dos et tête droits.

— Prenez conscience de tout votre corps, de son poids sur la chaise, des tensions musculaires en certains points (par exemple : le visage, les épaules, la nuque ou le ventre). Prenez votre temps, au moins une minute.

— Maintenant, focalisez votre attention sur vos épaules, vos trapèzes, laissez-les descendre le plus bas possible, sans forcer. Une fois en bas demandez-vous s'ils ne peuvent pas descendre encore plus bas. Si la réponse est oui, c'est que vous n'aviez pas totalement détendu vos trapèzes. Faites-le à présent.

— Remontez les épaules bien haut, comme si vous vouliez qu'elles touchent vos oreilles. Prenez conscience de cette nouvelle tension. Puis, de nouveau, laissez-les redescendre en prenant conscience de la différence entre tension et détente des muscles. Reconnaître cette différence permet de mieux comprendre et surtout de ressentir ce qu'est la relaxation.

— Reste à généraliser cet exercice à tout le corps. Gardez les épaules bien détendues, et portez votre attention successivement sur d'autres groupes musculaires :

— d'abord les mains,
— les bras,
— les pieds,
— les jambes et les cuisses,
— le ventre,
— le visage : d'abord la zone buccale, puis la zone du front et des yeux.

— Enfin, ressentez l'ensemble du corps ; prenez conscience de son poids sur la chaise.

Durée de l'exercice : cinq minutes maximum.

Attention, rapidité ne veut pas dire précipitation. Soyez présent à vous-même, et prenez votre temps en respectant chacune des étapes décrites.

LE CONTROLE RESPIRATOIRE

Il s'agit de pratiquer la respiration abdominale, celle qui sollicite le plus le diaphragme, cette membrane musculaire située à la base des poumons. Cet exercice est propice à la détente de l'abdomen. Il permet de ralentir et de régulariser une respiration qui s'accélère, de diminuer et de régulariser les battements du cœur qui ont tendance à s'accélérer lors d'une émotion.

— Vous êtes assis, le dos droit et les épaules bien détendues.

— Prenez conscience de votre respiration, sans en modifier le rythme ou l'amplitude.

— Placez une main sur le ventre et l'autre sur la poitrine.

— Respirez tranquillement par le nez. Inspirez en gonflant le ventre. Imaginez que c'est un ballon que vous gonflez : les parois se tendent. Sentez cette tension puis relâchez le ventre : automatiquement et, *sans aucun effort*, l'air est expiré. Recommencez trois ou quatre fois, quitte à reprendre votre souffle entre chaque séquence ; en expirant, laissez le ventre et tout l'abdomen se détendre, redevenir souples. Le rythme respiratoire doit rester lent. Respectez la pause respiratoire à la fin de chaque expiration. Lorsqu'on a bien détendu l'abdomen et le ventre en expirant, il est très facile d'observer cette pause respiratoire avant une nouvelle inspiration.

— Lorsque vous serez un peu habitué à cet exercice, vous laisserez les mains sur les genoux ou les accoudoirs. Puis vous pourrez vous entraîner debout et allongé.

Chapitre 3

AVEC QUEL TYPE D'ANXIEUX VIVEZ-VOUS ?

Les multiples visages de l'anxiété: il y a autant de types d'anxieux que de types d'anxiété. L'éventail des manifestations de l'anxiété est immense puisqu'il varie d'une personne à l'autre. Il diffère aussi chez un même individu suivant les moments. Quand on pense à l'anxiété, on pense généralement à des préoccupations excessives par rapport à des événements de vie. Ce n'est pas uniquement cela. Chez certaines personnes qui se croient fortes et peu enclines à s'inquiéter, l'anxiété peut être masquée derrière des symptômes purement physiques. Le corps se fait l'écho d'une vague et lointaine angoisse dont l'esprit n'est pas conscient. Fatigue, douleurs diverses en sont alors les manifestations. Chez d'autres, l'anxiété n'existe que par une peur, ou « phobie », limitée à quelques objets ou à un seul objet : serpents, couteaux, vent, silence de la neige qui tombe... La liste de ces phobies est infinie. L'anxiété se manifeste par bien d'autres troubles, souvent loin de l'idée commune que l'on s'en fait : troubles du caractère, comme l'irritabilité, troubles du comportement, comme une agitation improductive, ou une apathie, tout aussi improductive.

Pour vous aider à vous y retrouver, vous trouverez ici les signes les plus fréquents de l'anxiété.

Comment et pourquoi savoir avec quel type d'anxieux vous vivez ? Dans ce chapitre vous apprendrez à reconnaître certains signes ou symptômes de l'anxiété. Ils sont regroupés par classes, chaque classe définissant un type de trouble. Plus vous reconnaissez de signes dans une classe donnée, plus la probabilité qu'il appartienne à ce type d'anxieux est grande. Parfois, il peut avoir un grand nombre de signes dans plusieurs catégories. C'est que votre partenaire appartient à plusieurs catégories en même temps et cela est très fréquent. Demandez-vous lequel de ses troubles est le plus important et appliquez les conseils qui correspondent à celui-ci, quitte à refaire votre évaluation un peu plus tard pour estimer ce qui a changé et ce qu'il reste à faire.

Pourquoi cette classification ? Parce qu'un hypertendu qui fait de l'asthme et/ou des crises d'angoisse n'a pas besoin du même traitement qu'une personne dont l'anxiété se manifeste par une phobie simple (par exemple la peur des hérissons). En fonction des signes présentés par votre partenaire anxieux, nous vous indiquerons certaines stratégies à suivre en reprenant les principes généraux présentés dans la première partie. Là encore, il s'agit de grandes lignes que vous compléterez en fonction de votre propre situation. Ce livre ne prétend pas vous fournir des recettes toutes faites, mais des principes assortis de conseils pratiques pour vous guider. Vous apprenez à faire des additions avec certains chiffres que nous vous fournissons pour l'exemple et vous obtenez certains résultats. Avec vos propres chiffres, vos propres données, vous obtiendrez d'autres résultats, tout en appliquant un principe commun.

Le stress de la vie quotidienne

Vous avez certainement côtoyé des personnes atteintes de stress, cette forme particulière d'anxiété. Peut-être vous-même avez-vous connu cet état particulier. Quoi qu'il en soit c'est d'un mal fréquent que nous allons parler maintenant.

Quelques indices pour identifier le stress

— Votre partenaire a-t-il changé à la suite d'événements dans sa vie ? At-il eu à subir une perte, à affronter un danger, ou des contrariétés ? Par exemple, a-t-il récemment déménagé ou envisage-t-il de changer de travail ? Se sent-il heureux dans son travail ? Se sent-il satisfait de sa vie affective et sentimentale ? Est-il confronté à la maladie (la sienne ou dans son entourage ?).

Si la réponse à l'une de ces questions est oui,

— Ces événements sont-ils mal ressentis et mal vécus ? Empêchent-ils votre partenaire de poursuivre normalement ses activités ?

— Rencontre-t-il des problèmes d'adaptation à son travail ou dans sa vie privée ? Par exemple, est-il gêné par des réactions excessives, une irritabilité ou une intolérance à la frustration, qui l'enferment un peu plus dans un cercle vicieux de stress ? Se sent-il plutôt impuissant, découragé, ou en pleine crise de détresse ?

— Se plaint-il de certains symptômes physiques comme des bouffées de chaleur, accélération cardiaque, aigreurs d'estomac, sueurs, tension permanente ?

— Paraît-il plus agité et fébrile ? Avez-vous observé une hyperactivité, qui peut apparaître comme une « fuite dans l'action » ?

Si la réponse est « oui » à une ou plusieurs questions, alors il est possible que votre partenaire soit à l'heure actuelle « un stressé ». Ces signes peuvent paraître anodins. Cependant, ne les prenez pas à la légère, car si rien n'est fait pour limiter le stress, l'anxiété risque de devenir chronique ou, à la longue, d'avoir des répercussions plus graves sur l'humeur et se transformer en dépression. Négliger un état de stress permanent peut aussi être la source de désordres physiologiques plus graves, tels les ulcères d'estomac ou l'hypertension. Or, il n'est pas très compliqué, en général, d'améliorer ce type d'anxiété car celle-ci est étroitement associée à la situation vécue.

Identifier ce qui ne va pas dans cette situation, c'est trouver les clés pour résoudre le problème du stress.

• Il est fatigué et tendu en permanence, il a du mal à trouver le sommeil.

Votre attention se portera sur son hygiène de vie.

— améliorer sa nourriture,

— diminuer la prise d'excitants, le café en particulier,

— augmenter les activités physiques. Il est recommandé de faire au moins une demi-heure par jour d'activités physiques, si possible en plein air. Et cela n'est pas compliqué ; il peut marcher jusqu'à son bureau, par exemple en descendant une station avant ou en garant sa voiture à une certaine distance. Il peut aussi marcher à l'extérieur pendant la pause déjeuner.

— Incitez-le à faire des pauses dans la journée et à pratiquer la relaxation plusieurs fois par jour. Dans l'idéal, à chaque fois qu'une tension est ressentie dans ses épaules ou dans une autre partie du corps comme le visage, il pourra pratiquer pendant une ou deux minutes minimum une relaxation et la respiration abdominale en suivant la méthode indiquée plus haut.

— N'oubliez pas de vérifier de temps en temps que votre partenaire applique soigneusement ces règles, car c'est la régularité de leur mise en pratique qui garantit les résultats.

• Suite à certains changements, il ne se sent plus capable de faire face. Il augmente votre stress par un sentiment de découragement, ou d'inquiétude. Un examen, un déménagement, un divorce, un changement de travail, une opération, des difficultés avec ses enfants... peuvent déclencher une réaction de stress. Votre partenaire a particulièrement besoin de votre soutien. Soyez encourageant, attentif à ses besoins, et patient : le temps jouera pour vous. Appliquez la restructuration cognitive, la résolution de problème et la relaxation.

• Sa vie est pleine de devoirs et vide de plaisirs. Un manque de satisfactions dans la journée peut créer ou augmenter le stress. Evaluez avec votre partenaire si chaque jour un équilibre entre satisfactions et insatisfactions est maintenu. Tous les soirs pendant au moins une semaine, faites un bilan. Sur une feuille à la date du jour, tracez deux colonnes. D'un côté les événements et activités plutôt satisfaisants ; et de l'autre, dans la deuxième colonne, la liste des événements et activités plutôt insatisfaisants. Veillez à avoir au moins un tiers d'activités ou événements satisfaisants dans la journée.

Date :
Evénements et activités plutôt insatisfaisants :

—

—

—

—

—

—

—

—

—

—

—

—

Evénements et activités plutôt satisfaisants :

—

—

—

—

—

—

—

—

—

—

—

—

Projets pour augmenter mes activités plaisantes :

—

—

—

—

—

Que faire, face à l'agressivité de votre partenaire ?

• Vous souffrez de son indisponibilité chronique. Il paraît toujours débordé et pense avoir des difficultés à gérer son temps. « Demain », « tout à l'heure » sont ses réparties favorites. Vous souffrez de ne pouvoir mener à bien des projets en commun.

— Proposez-lui de faire ensemble une « résolution de problème » sur ce thème (voir page 87). Prenons comme exemple le problème suivant : vous aimeriez qu'il soit présent à tel ou tel moment, et lui ne le peut pas. Faites ensemble une évaluation des priorités pour chaque jour de la semaine qui vient. *Classez chaque activité par ordre de priorité.* Faites attention à ne pas surcharger cet emploi du temps. Sinon éliminez les activités les moins utiles et reportez-les. Soyez réaliste dans vos objectifs, et tenez compte du temps passé dans les moments improductifs au cours d'une journée : les conversations, les pauses, les repas, les interruptions...

Votre partenaire est-il de ceux qui veulent toujours en faire plus ? Alors retrouvez avec lui ses pensées automatiques du type « je suis en train de perdre mon temps », « je ne dois jamais m'arrêter... » et interrogez-vous sur le bien-fondé de ces pensées. Quelles sont leurs conséquences ? Le but de cet exercice de « restructuration cognitive » est d'amener le stressé à être moins exigeant sur la quantité d'activités qu'il « doit » caser dans une journée, et plus sur la qualité de sa vie.

A-t-il des difficultés à se mettre à la tâche ? Il est alors utile de découper chaque objectif journalier en petites étapes, et d'encourager votre partenaire à ne pas « tourner autour du pot », à commencer immédiatement ce qu'il doit faire sans se disperser. Il est préférable en général de commencer par le moins motivant, le moins plaisant, puis d'enchaîner sur une activité plus agréable, et non l'inverse. Par exemple : « dimanche : remplir les feuilles d'impôt ; puis faire le jardin, puis emmener les enfants à l'aquarium ».

• Vous vous disputez pour des broutilles. Son caractère a changé, il est irritable, voire agressif. Gardez votre calme, ne prenez pas au pied de la lettre ses remarques acides. Ne niez pas ses problèmes en disant « ce n'est rien ». Mais ne le laissez pas vous faire des reproches sans réagir : ce serait alors l'escalade, à vos dépens. Aidez-le à réaliser ce qui ne va pas dans sa vie en étant à l'écoute. Demandez-lui ce qu'il pense lorsqu'il vous prend à partie. Ce peut être un point de départ intéressant pour l'aider à relativiser et prendre de la distance.

Anxiété généralisée : les inquiétudes permanentes

Reconnaissez-vous votre partenaire ?

Lorsqu'on vous compare à votre partenaire vous paraissez incarner l'insouciance même. Mais vous souffrez de ce « mal de vivre » qu'il distille et alourdit l'atmosphère. Il semble soucieux en permanence, mal dans sa peau. Ses soucis sont divers : par exemple, il est sans cesse inquiet pour ses enfants, pour la santé de son conjoint, il a peur de manquer d'argent, il pense sans cesse à son travail ou à l'avenir qu'il redoute. Parfois, ses soucis sont plus terre à terre ; sa voiture, par exemple, le préoccupe outre mesure. Vous constatez que cette anxiété n'est pas apparue en un jour, mais graduellement, pour s'épanouir vers la trentaine ou plus tard. Souvent, ce type d'anxieux parle beaucoup. Cette logorrhée peut être interprétée comme un moyen pour remplir un vide, un silence insupportable, afin de ne pas être envahi par des préoccupations qui minent le moral. Certains se plaignent de tensions physiques ou de malaises diffus, de serrements dans la poitrine ou de douleurs d'estomac.

Tous ces signes fonctionnels (c'est-à-dire sans cause organique) sont autant d'indices de l'anxiété. L'anxieux anticipe le danger. C'est comme s'il se servait de ce moyen pour s'en défendre. Il se donne ainsi provisoirement l'illusion qu'il contrôle sa vie. Mais cette attitude de défense contre l'anxiété, qui cultive le défaitisme, se retourne à la longue contre lui puisqu'en exagérant le danger, il augmente son anxiété.

Si vous retrouvez votre partenaire dans ce portrait, vous avez intérêt à l'aider sur un plan cognitif. Ses inquiétudes le dévorent. Il ira beaucoup mieux s'il parvient à se rassurer lui-même sans vous prendre comme support permanent. L'activité physique représente aussi un bon moyen de détendre le corps et l'esprit, d'améliorer son état général, donc de devenir plus résistant à l'anxiété. En effet, la fatigue abaisse le seuil de l'anxiété : nous sommes plus vulnérables à toutes les formes d'anxiété lorsque nous sommes fatigués ou en mauvaise santé. La relaxation constitue également un bon moyen de complément pour lutter contre l'anxiété généralisée.

L'inquiétude de Pierre pour ses enfants finit par rejaillir sur sa femme :

Pierre, trente-trois ans, a deux enfants de quatre et sept ans. L'idée que quelque chose peut leur arriver l'angoisse en permanence. S'ils traversent la rue, ne vont-ils pas se faire écraser ? Le moindre rhume ne va-t-il pas se changer en fièvre maligne ? Chaque visite chez le pédiatre devient une véritable épreuve. Pierre se trouve alors au bord du malaise. Sa femme, Jeanne, est agacée par les craintes de son mari qu'elle trouve excessives. Elle le lui a dit maintes fois, mais rien n'y a fait. Si bien qu'elle se charge de plus en plus fréquemment de cette tâche. Jeanne se sent parfois bien seule pour assumer ses soucis, tout en rassurant son mari. « Si je flanche, qui s'occupera des enfants ? » se dit-elle. Alors elle s'efforce de ne pas tenir compte de ses propres inquiétudes et, bien qu'elle n'en ait pas vraiment conscience, elle se protège ainsi de l'angoisse. Mais depuis quelque temps elle se sent irritable et fatiguée. Elle supporte de moins en moins l'inquiétude permanente de Pierre.

• Que faire dans le cas de Jeanne et Pierre ?

— Jeanne ne doit plus chercher à rassurer systématiquement son mari (« mais non. Louis est bien encadré dans sa colonie de vacances »). Ce n'est pas une chose facile que de résister à l'envie de soutenir son conjoint, mais si elle tient le coup, Pierre lui demandera de moins en moins souvent de le rassurer, car il cherchera en lui-même les ressources pour combattre son anxiété. En changeant sa propre attitude, Jeanne favorise une diminution de l'angoisse de son mari. Il serait aussi tout à fait bénéfique à Pierre et à Jeanne que ce soit lui qui amène systématiquement ses enfants chez le pédiatre ou le dentiste.

— Changer de rôle. Jeanne se considère comme le pilier sur lequel repose l'équilibre familial. Quoi de plus immuable qu'un pilier ? Cette conception l'empêche de faire évoluer la situation. Il serait bon qu'elle change parfois de rôle, qu'elle parle à son mari de ses inquiétudes, et qu'ensemble, ils cherchent les solutions aux problèmes. En outre cela permet à Pierre de retrouver un rôle valorisant.

— Affronter les situations redoutées. Les craintes de Pierre sont peut-être très envahissantes. Jeanne peut lui proposer dans ce cas de les vivre, une à une, graduellement, le but étant que ses réactions d'anxiété s'atténuent peu à peu. Il pourra mieux supporter l'idée d'être séparé de ses enfants, comprendre que ceux-ci doivent prendre des risques mesurés et ne pas vivre dans un cocon afin de devenir des adultes avertis et autonomes. Voici un exemple d'échelle graduée de situations angoissantes pour Pierre : regarder jouer ses enfants, *sans intervenir*, dans diverses situations que Jeanne et Pierre s'accordent à trouver objectivement non dangereuses, malgré les inquiétudes de Pierre. Après avoir franchi un certain nombre d'étapes intermédiaires, la phase suivante peut consister à reprendre les mêmes situations de jeu, mais en s'abstenant d'y assister.

• Et s'il refuse ? Vous ne vous êtes pas assez concertés. Jeanne ne doit pas chercher à imposer ses vues mais plutôt expliquer comment elle voit le problème et comment elle envisage les solutions. Dans tous les cas s'il refuse, n'insistez pas. S'il est d'accord sur le principe mais ne peut se résoudre à affronter ses craintes, alors Jeanne peut l'aider en discutant avant l'exercice de ses appréhensions, de ses pensées catastrophiques (danger minime, gains importants à la clé). De toute façon, on n'y arrive pas toujours du premier coup, il faut persévérer.

Attaques de panique et agoraphobie : comment une crise d'angoisse transforme l'anxieux en prisonnier volontaire

Portrait de l'anxieux « paniqueur » et agoraphobe : Ce type d'anxieux se repère avant tout par sa peur de se déplacer dans certains lieux. Ces lieux sont soit « trop » ouverts : grandes avenues, places, champs et vastes étendues découvertes, lieux en hauteur comme les ponts, les télésièges, soit « trop » étroits et surtout fermés : foules, ascenseurs, trains, métro, voitures... Ce qu'il craint, c'est de se trouver éloigné malgré lui de sa base de sécurité. En général cette base de sécurité est son domicile. Il ne peut pas s'en éloigner beaucoup. C'est pourquoi nous parlons de prisonnier volontaire. Une personne rassurante de l'entourage peut aussi servir de base de sécurité. Notre prisonnier peut alors affronter les lieux redoutés à condition d'être accompagné par cette personne complaisante. Evidemment, la vie de cet accompagnateur, que vous êtes peut-être, se voue peu à peu au service de notre anxieux, et cela peut très bien fonctionner pendant des années. Jusqu'au jour où... l'un des deux craque. Le rôle de l'entourage ici encore est fondamental.

Notre prisonnier volontaire vous a donné la clef de ses déplacements. Il dépend entièrement de vous et vous laisse en quelque sorte prendre sa propre vie en main. Vous avez eu sans doute l'impression de lui rendre service en allant chercher le pain à sa place, ou en l'accompagnant à chaque fois qu'il vous le demandait. Et cela est vrai dans un sens. Mais n'avez-vous pas observé que, depuis que vous l'aidez, son problème s'est aggravé ? Depuis lors, vous êtes souvent coincé et ne profitez plus de la vie comme avant ? Vous l'avez enfermé à double tour avec les clés qu'il vous a confiées et vous êtes le gardien asservi de cette prison.

Qu'est-ce qui fait peur à l'agoraphobe ? Il est fréquent qu'il soit sujet à des attaques de panique : mélange de symptômes physiques désagréables mais pas graves en eux-mêmes, et de peur panique en rapport avec ces symptômes et avec la situation vécue. On a vu qu'il appréhende de s'éloigner de sa base de sécurité.

Ce qu'il redoute alors, c'est de ne pouvoir trouver du secours s'il lui arrive quelque chose. Il a peur de faire un malaise (qu'on appelle souvent spasmophilie) au milieu d'inconnus, car il imagine de tragiques conséquences à cette situation : comme de se retrouver à l'hôpital, à l'asile ou... à la morgue. Cette peur du malaise apparaît fréquemment à la suite d'une première crise de panique dans l'un des lieux cités plus haut. Il s'est senti bizarre, et très mal physiquement, avec une sensation d'étouffer, le cœur qui s'emballe, les jambes en coton et tout le cortège des symptômes physiques de l'anxiété que nous connaissons bien maintenant. A ce moment, une peur panique l'a envahi. Il s'est vu en train de mourir ou de devenir fou ; submergé par le sentiment de perdre tout contrôle. Ce souvenir cuisant hante l'agoraphobe qui évite depuis lors de se retrouver dans la même situation. Il a « peur de sa peur » et ne retourne plus dans le métro où s'est déclarée pour la première fois cette crise d'angoisse. Puis il renonce progressivement à d'autres situations qui se rapprochent de celle-là. Par exemple, à tous les transports en commun et de proche en proche, il évite de plus en plus de situations. Sa peur se généralise.

Mireille ou « le manque de volonté »

Paul est le mari de Mireille, quarante ans. Il l'aide depuis plusieurs mois dans ses tâches ménagères ; lui fait ses courses, s'occupe des sorties de leurs enfants et l'accompagne chaque jour au travail. Paul se dit que « si Mireille était obligée de se nourrir seule, elle arriverait bien à faire ses courses ». Pour Paul, Mireille manque avant tout de volonté pour faire face à ses difficultés. En effet lors de leurs dernières vacances au bord de la mer, Mireille s'occupait du ravitaillement sans problème. Alors comment expliquer ce changement ? Mireille se sent incomprise et culpabilisée. Les heurts ne manquent pas à la maison et l'ambiance se dégrade progressivement.

S'agit-il d'un défaut de volonté comme l'imagine l'entourage de Mireille ? Le problème n'est pas là. Il est possible aux anxieux de surmonter leurs appréhensions et d'affronter les situations qu'ils redoutent, de la même façon qu'en temps de guerre ou lors d'une catastrophe naturelle, ils sauraient très bien quoi faire et le feraient. Mais, dans une situation ordinaire, l'énergie dont ils ont besoin pour traverser un pont ou monter dans un ascenseur est colossale : c'est un peu comme s'ils devaient sauter à l'élastique du haut d'une falaise, ou marcher pieds nus sur un lit de braise. Dans ces conditions, il est plus « économique » pour eux de s'abstenir de le faire. Paradoxalement, en évitant de s'exposer à cet hypothétique danger, leurs batteries se déchargent et leurs ressources énergétiques s'amenuisent : l'anxieux est de moins en moins capable de faire face, il dépend de plus en plus de son entourage.

Comment expliquer les fluctuations de ses peurs, comment expliquer que certaines fois il parvienne à les surmonter ? La détente est incompatible avec l'anxiété ; lorsqu'il se sent en pleine forme, détendu, motivé, l'anxieux peut affronter beaucoup plus facilement les situations qu'il redoute. En revanche, la fatigue, le stress, exacerbent les réactions phobiques. Volonté et motivation sont des atouts, mais cela ne suffit pas toujours pour changer les comportements et les peurs.

Que faire si mon partenaire a peur de l'avion, de l'ascenseur, des foules ?... Ces exemples d'agoraphobie s'apparentent au cas de Mireille qui redoute de descendre dans la rue. Dans des cas similaires, la méthode « anti-évitements » est la plus indiquée. Par des exercices gradués que vous aurez définis ensemble (voir page 75), votre partenaire s'astreindra très progressivement à affronter seul les situations redoutées. Vos objectifs devront toujours être raisonnables, c'est-à-dire d'une ambition modérée. L'objectif final de Mireille était de pouvoir faire seule ses courses dans son quartier. Paul l'a donc encouragée dans un premier temps à descendre seule chercher le pain en bas de chez eux. Ce premier pas fut ressenti comme une grande victoire et encouragea Mireille à pousser plus loin. Après deux semaines, en sortant tous les jours chercher le pain, cette tâche était accomplie sans anxiété. Les étapes suivantes étaient d'aller chez le boucher à 50 mètres, puis à 100 mètres, puis à 300 mètres... Jusqu'au quatrième pâté de maisons où se trouvait un supermarché. Après quelques semaines de sorties seule, Mireille parvenait à faire ses courses dans le grand magasin. Délivrée d'un sentiment de dépendance pénible vis-à-vis de sa famille, Mireille se sentit plus calme et plus sûre d'elle.

Paul a dorénavant plus de temps pour lui et l'atmosphère du ménage s'en trouve améliorée.

En ce qui concerne la peur de l'avion, le principe est le même mais faites ces exercices par la *visualisation* (page 85). Votre partenaire doit s'y préparer suffisamment longtemps avant de prendre un billet pour un véritable trajet. Notons que des exercices de simulation dans des maquettes d'avion commencent à se développer.

• Que faire avec une personne qui panique ? Mireille fait partie de ces agoraphobes qui craignent par-dessus tout d'avoir une crise d'angoisse dans un lieu public ; qui ont « peur d'avoir peur ». Pourtant cela ne lui est arrivé qu'une fois plusieurs années auparavant. Mais certaines personnes ont fréquemment des crises d'angoisse. Que faire avec elles ?

• Au moment de la crise : vous voyez la personne pâlir soudain ou rougir, ses tempes sont trempées de sueur alors qu'il ne fait pas très chaud, elle est tendue, ne dit plus rien et semble prête à s'écrouler... La première chose à faire est de rester calme. Ces crises ne représentent aucun danger vital pour elle. Cependant, si vous ne connaissez pas bien cette personne, demandez-lui si cela lui est déjà arrivé, dans quelle circonstance, si elle est « spasmophile » (terme souvent employé en médecine générale pour désigner ce type de malaise). Demandez-lui enfin si elle souffre d'une maladie particulière, pour ne pas passer à côté d'un véritable problème organique. Mais, le plus souvent, il s'agit d'une simple crise de panique.

Dites-lui de rester sans bouger avec vous jusqu'à ce que l'anxiété diminue et les symptômes s'estompent. Cela dure en général quelques minutes, rarement plus d'une heure. Prenez-lui fermement la main au besoin. Bien souvent, la première réaction du « paniqueur » est de s'enfuir à toutes jambes. On doit le convaincre de n'en rien faire car la fuite entretient le problème. Rester sur place lui permet de dissocier son émotion personnelle, qui est générée par l'angoisse, du contexte ou l'environnement qui, eux, sont neutres. Autrement dit, en restant sur place il évite de développer une peur du lieu où il se trouve. Rassurez-le, apaisez-le et faites-le parler de ce qu'il ressent à ce moment ; de son anxiété, des pensées automatiques qui lui traversent l'esprit. Ainsi vous l'amenez en douceur à prendre conscience de ses peurs et à les affronter. En les verbalisant, elles perdent de leur dangerosité. Gardez en mémoire ce que votre partenaire vous dit ou notez-le pour lui sur une feuille. Plus tard, vous pourrez éventuellement analyser avec lui ses craintes irrationnelles.

- Entre deux crises de panique :

Proposez-lui trois solutions :

— Augmenter son contrôle émotionnel,

— Confronter les situations redoutées (s'il les évite),

— Reprendre ses pensées automatiques pour faire de la restructuration cognitive, et s'entraîner à cet exercice chaque jour avant d'affronter une situation angoissante, et pendant celle-ci. Les points 2 et 3 ont déjà été développés (page 94).

Pour augmenter le contrôle émotionnel, l'information est un atout. C'est un bon moyen de dédramatiser la situation. Il est rassurant de savoir que les symptômes ressentis, si désagréables soient-ils, n'entraînent pas le risque de mourir ou de devenir fou. Que c'est un phénomène fréquent, bien connu des généralistes, des cardiologues, des psychologues et des psychiatres. La respiration s'accélère lorsqu'on est angoissé, car la tension physique crée une oppression respiratoire, une sensation de manquer d'air. Cette accélération respiratoire joue un grand rôle dans l'apparition du cortège des symptômes : fourmillements, étourdissements, vue qui se voile, palpitations... Ces symptômes sont liés à une diminution du gaz carbonique véhiculé dans le sang. C'est ce qu'on appelle de façon imagée une hyperventilation. Il suffit de reprendre une respiration lente ou de respirer quelques minutes dans un sac en plastique pour que tout rentre rapidement dans l'ordre. L'exercice de respiration indiqué page 105 aide à faire face à ce type de manifestation anxieuse. La détente des muscles est un bon appoint. Apprenez-lui ces exercices, qui sont à répéter au moins deux ou trois fois par jour dans le calme jusqu'à ce qu'ils soient bien assimilés, puis dans n'importe quelle situation.

Anxiété sociale : pour vivre heureux, vivons cachés

Quand le groupe perd de sa richesse... Il n'est pas normal dans un groupe (famille, classe, bureau...) de ne jamais rencontrer d'opposition, de divergences de vues et d'opinions. Une communauté sans heurts est figée, elle est quasiment morte. Or, cela arrive parfois dans certaines familles où tout le monde semble si bien s'entendre ! Cette entente de surface se fait forcément au détriment de l'un ou de l'autre de ses membres. Peut-être avez-vous vécu ce genre de situation ? Si votre partenaire évite généralement de vous faire des remarques ou des reproches, un jour vous tombez des nues en comprenant le problème qui vous avait échappé. Mais c'est souvent bien tard et les choses ont eu le temps de s'envenimer ! Ou bien c'est un coléreux. Il ne se révèle vraiment qu'en explosant littéralement et tout le monde sort blessé de cet échange de vues.

Il est possible aussi que votre partenaire s'exprime de façon détournée, indirecte. Cette demande implicite, naturellement, est souvent mal interprétée. Les quiproquos qui en résultent sont à la source de bien des conflits. Par exemple, il se plaint d'avoir à faire la vaisselle, mais il ne vous dit pas directement qu'il désire au fond que ce soit vous qui la fassiez. Ce type d'anxieux apparaît souvent comme un râleur, victime des autres et jamais satisfait. En réalité, il n'ose pas exprimer directement ses souhaits.

Que résulte-t-il de ces trois comportements peu affirmés ? On voit que la « paix sociale » n'est pas maintenue très longtemps, malgré les efforts des protagonistes. Il est bien connu qu'un problème dont on ne parle pas va s'évacuer tôt ou tard de manière plus violente. Ou alors il reste là, en arrière-plan. Ce maintien artificiel d'un statu quo empêche de communiquer de façon authentique, sans arrière-pensées. Pour bien fonctionner, un ensemble doit donner une place complète à chacune de ses parties. Si l'un des membres du groupe ne peut être accepté dans sa totalité, avec ses qualités et ses défauts ; s'il est amené pour une raison ou une autre à falsifier sa véritable personnalité, alors la cohésion du groupe est menacée. Chacun va jouer un rôle ; toujours le même, et le système va se scléroser et se fragiliser. Par exemple, il y a celui qui parle toujours et celui qui ne parle jamais. Celui qui « protège » et celui qui cherche la protection, ne prend pas d'initiatives et ne donne jamais spontanément son avis, au détriment du groupe tout entier. C'est ainsi que la communauté s'appauvrit, ne profitant pas de l'apport vivifiant d'un mouvement contradictoire.

Portrait-type : reconnaissez-vous votre partenaire ?

Ce type d'anxieux craint par-dessus tout le jugement des autres, y compris celui de ses proches. Il redoute donc de se faire remarquer : dans les soirées, les repas, les réunions de travail, les conférences, les transports en commun, il fera tout pour disparaître, souvent à son grand regret d'ailleurs. En effet, il a souvent conscience de manquer, par cette attitude, toutes sortes d'occasions d'enrichir sa vie et celle de son entourage, par osmose.

Il va, par conséquent, s'habiller en passe-muraille ou en passe-partout et éviter soigneusement toute originalité vestimentaire qui pourrait attirer les regards sur lui. Avant un examen, surtout un oral, il souffrira mille morts et sera peut-être totalement inhibé, échouant lamentablement, même si sa préparation a été sérieuse. Dans une réunion il n'intervient jamais spontanément, ne pose pas de questions, de peur qu'on le juge ignorant ou stupide. D'autres fois il ne trouve rien à dire, ce qui le fait souffrir tout autant, car là encore il est persuadé qu'on le jugera mal. Il craint de laisser paraître sa gêne, redoute qu'on le voie rougir ou trembler. Si bien qu'il perd souvent le fil de la conversation et semble étrangement absent. Cette crainte est aussi à la base de certains évitements agoraphobiques : il évite les lieux publics (restaurants, grands magasins) pour qu'on ne le voie pas subir un malaise.

La personne atteinte de cette « phobie sociale » se focalise sur ses propres points faibles, ce qui lui fait perdre toute confiance en elle. Elle néglige de s'appuyer sur ses succès et sur ses qualités personnelles. Elle est en permanence entravée dans sa spontanéité et n'exprime que très rarement une joie de vivre. Cela est ressenti par son entourage. On parle peu de ces gens (c'est ce qu'ils recherchent), si ce n'est pour les qualifier de gentils. Mais leur personnalité est aux abonnés absents.

Cette anxiété apparaît entre quinze et vingt ans. Avec l'âge et l'expérience, elle peut s'estomper, mais ailleurs s'aménage une vie isolée et tranquille, si bien que le phénomène s'aggrave. En effet, l'anxieux évite les occasions de s'exprimer et de surmonter son angoisse sociale. Devant de telles difficultés il arrive qu'il déprime ou boive de l'alcool pour se sentir plus à l'aise, avec les problèmes d'intégration que cela pose en cas d'abus. Si votre partenaire se trouve dans ce cas, il est préférable de lui proposer une prise en charge spécialisée.

• Comment aider l'anxieux à préparer un entretien ou un examen oral ?

Cette situation à laquelle nous sommes tous un jour confrontés est un cauchemar pour celui ou celle qui redoute le jugement et le regard «inquisiteur» des autres.

Gérard, quarante-deux ans, était considérablement gêné par sa peur de rougir et de transpirer devant les autres. Il est venu nous voir parce qu'il devait passer un entretien promotionnel qu'il ne se sentait pas le courage d'affronter, redoutant de perdre la face devant ses examinateurs. Personne, pas même sa femme devant laquelle Gérard jouait le rôle de « l'homme fort » depuis des années, n'était au courant de l'angoisse qui le rongeait.

A sa grande surprise, nous lui avons demandé de ne plus chercher à cacher sa gêne. En effet, toute son attention, toute son énergie étaient absorbées par cette idée : il ne faut pas paraître sous un mauvais jour. Si bien que, paradoxalement, il ne pouvait pas se détendre dans ces situations. A partir du moment où il décidait de ne plus lutter contre sa gêne il ne la provoquerait plus. Mais cela devait passer par un changement de ses préjugés. Tant qu'il serait persuadé que montrer une faiblesse avait des conséquences catastrophiques, il ne pourrait lâcher la bride.

Nous lui avons proposé de lâcher très progressivement cette bride, et de réfléchir à ses pensées alarmistes en pratiquant les exercices de restructuration cognitive présentés plus haut. Il a réfléchi avec nous sur toutes ses craintes, sur les embûches qu'il prévoyait pour cet examen. Chaque point était décortiqué et ramené à des attentes moins défaitistes ; soit par la résolution de problèmes, soit par l'examen objectif des pensées irrationnelles.

Sur le plan comportemental, dans un premier temps, il ne devait plus éviter la chaleur, afin de s'habituer à la sensation de sudation sans trop d'anxiété. Au début, l'exercice se faisait seulement en présence de sa femme. Puis avec quelques amis à la cantine, ensuite avec des collègues moins proches, enfin avec ses supérieurs hiérarchiques.

Ce problème de la peur de rougir étant amélioré, nous avons continué la préparation à l'entretien en proposant à Gérard de demander à un ami de le simuler en jeu de rôle. Par la répétition de cet entretien, il affinait son savoir-faire et son aisance dans cette situation. Peu avant le jour J, son appréhension avait notablement diminué, et il se sentait prêt à s'y présenter.

Elle a du mal à s'intégrer au groupe et a peur du regard des autres.

Marie-Jo, secrétaire médicale, vient de faire la connaissance de Géraldine, vingt-trois ans, arrivée depuis peu d'un autre service. Géraldine paraît assez fermée à Marie-Jo ; elle parle peu et uniquement du travail, elle ne va jamais bavarder avec les autres à la pause-café. D'ailleurs, elle semble éviter les contacts avec les membres de l'équipe. Elle ne va jamais à la cantine et avale un sandwich dans le bureau quand les collègues sont sortis. Si bien qu'on commence à se dire dans le service que c'est une bêcheuse. Aussi a-t-on décidé de lui rendre la monnaie de sa pièce en ne lui parlant plus. Marie-Jo est fâchée de la mauvaise ambiance qui s'installe au bureau et a décidé de prendre le taureau par les cornes.

Que peut-on lui conseiller ?

• Favoriser le dialogue. Pour cela, Marie-Jo peut proposer à Géraldine de se joindre à elle à la pause ou au repas de midi, et demander à sa collègue si « tout se passe bien ». Pour les aider à communiquer, nous lui conseillons deux objectifs simples : poser des questions ouvertes d'une part, et être à l'écoute d'autre part. Une question ouverte est une question à laquelle on est obligé de répondre par une phrase ; on ne peut pas répondre par oui ou non. Par exemple, « qu'en penses-tu ? » ou « que fais-tu de tes loisirs ? » sont des questions ouvertes. Par opposition, « aimes-tu les épinards ? » est une question fermée.

• Poser directement les problèmes, sans tourner autour du pot. Lui proposer éventuellement d'appliquer une résolution de problème dans le cas où elle vous ferait part de certaines difficultés au travail, comme par exemple une mauvaise répartition des tâches.

• L'inciter à affronter les situations qu'elle évite. Proposez-lui par exemple de discuter des problèmes qu'elle rencontre à la pause-café ou de venir déjeuner avec ses collègues.

• Regarder les gens. Un jour, Géraldine a confié à Marie-Jo qu'elle avait du mal à soutenir le regard des gens quand elle rentrait dans une pièce, en particulier à la cantine. Un moyen très simple et efficace est de l'inciter à regarder le plus souvent possible les gens autour d'elle, en particulier dans les moments où sa gêne grandit. C'est une bonne façon de se rendre compte que l'assistance n'est pas en train de la scruter et ne s'occupe pas vraiment d'elle.

Obsessions et compulsions : quand les petites manies d'un anxieux se transforment en calvaire pour l'entourage

Voici quelques signes qui doivent nous mettre la puce à l'oreille. Ce sont des signes basés sur des comportements particuliers, ils sont donc facilement observables chez l'anxieux. Pour lui, la vie quotidienne est devenue pénible, car c'est une lutte perpétuelle contre sa propre anxiété. Mais surtout il passe du temps à répéter certaines activités ou à effectuer des vérifications. Il peut vous apparaître très perfectionniste. Si bien que parfois il ne se couche que tard dans la nuit pour finir certaines tâches. En fait, il est lent et perpétuellement en retard, ce qui peut constituer un gêne considérable dans son travail. Cette lenteur est due à l'attention excessive qu'il porte à des détails mineurs. Il arrive qu'il passe beaucoup de temps à ne rien faire. Non par paresse, mais parce que son perfectionnisme extrême l'empêche de se lancer dans l'action. Le risque de faire quelque chose d'imparfait serait trop grand ! Il lui arrive d'éviter certains lieux, certaines actions ou activités. La perspective d'y passer trop de temps le dissuade de s'engager. Enfin, ce type d'anxieux vous met souvent à contribution pour le rassurer (par exemple : « es-tu sûr que ma robe n'a pas frôlé cette poubelle ? »), ou pour effectuer à sa place des vérifications qui autrement lui prendraient trop de temps ou le rendraient trop angoissé (par exemple vérifier la fermeture des portes ou vérifier s'il a bien rempli un formulaire).

Ces signes sont rarement isolés ; si vous en avez observé plusieurs, c'est qu'il existe un vrai problème. Ils sont assez facilement repérables. Cependant, ne perdons pas de vue que votre partenaire, si vous l'avez reconnu dans ce portrait, a tendance à minimiser ou cacher ses troubles, car il en éprouve de la honte ou de la culpabilité. Le changement peut vous apparaître brutalement ou bien très progressivement (ce trouble anxieux peut commencer très jeune). Dans ce cas, il faut aussi en tenir compte et ne pas le banaliser.

Ces comportements peuvent être mal compris. L'entourage pense parfois que l'anxieux est manipulé. Sans aucun doute, il est pénible de toujours devoir l'attendre, le rassurer... alors que « s'il faisait un effort, s'il y mettait un peu du sien, tout irait mieux ». En réalité, il est extrêmement difficile pour lui de lutter contre des comportements qui confinent parfois à l'absurde. L'obsessionnel a besoin de votre aide pour s'en sortir, plus peut-être que n'importe quel autre type d'anxieux.

Ces symptômes sont changeants, ils peuvent s'aggraver mais aussi s'améliorer en fonction des circonstances. Le stress, on l'a vu, augmente leur intensité. Or, il est très facile de stresser un obsessionnel. Il suffit, par exemple, de lui dire « dé-pê-cheu-toi ! », et l'on aboutit à l'effet inverse ! Il ne s'agit pas d'un trait de personnalité immuable. Souvenez-vous que si ces comportements sont modifiables, vous pouvez aider à les modifier.

Le cas de Danielle

Danielle, cinquante-trois ans, vivait depuis longtemps avec ses petites manies : garder un intérieur d'une propreté toujours impeccable et tailler les haies de son jardin au centimètre près, si bien qu'on pouvait sans autre apprêt y faire une série de photos pour Maisons et Jardins. La cuisine, les carrelages, la salle de bains et les toilettes étaient nettoyés et désinfectés quotidiennement à l'eau de Javel. Sa propre toilette était longue et minutieuse, et chaque soir ses vêtements et sous-vêtements étaient lavés en machine. Danielle ne supportait pas de toucher ou d'être touchée par quelque chose de sale. Car, alors, un tourbillon d'idées concernant la contamination par les microbes venait l'assaillir et la seule façon pour elle de s'en débarrasser revenait à prévenir par un nettoyage méticuleux ce danger qui rôdait au coin de chaque pièce ou au fond d'un tiroir poussiéreux. Son mari, Jacques, se prêtait de bonne grâce à ses exigences, car lui aussi aimait l'ordre et la propreté, ce qui garantissait un certain équilibre dans la vie du couple ; mais les enfants, maintenant partis du nid, avaient eu plus de mal à accepter les incessantes remarques de leur mère concernant leur désordre ou les taches d'encre sur leurs vêtements quand ils rentraient de l'école, et les disputes étaient fréquentes.

Que faire pour améliorer de tels comportements ?

Bien souvent, l'aide d'un professionnel s'avère nécessaire lorsque le mal dure depuis longtemps et lorsqu'il entrave considérablement la vie quotidienne de l'anxieux. Cependant, l'entourage a une grande part à prendre dans l'amélioration de notre sujet. C'est pourquoi il est utile de connaître le traitement et d'en comprendre le principe, pour aider au bon déroulement de la thérapie si celle-ci doit s'engager. Une attitude sceptique et défaitiste des proches peut constituer une redoutable entrave au changement. En revanche, une attitude positive et tolérante (ne pas exiger des progrès immédiats et spectaculaires) représente un puissant facteur d'amélioration.

Ce que nous conseillons à Jacques :

— Ne pas faire le ménage à la place de Danielle.

— Ne pas la rassurer sur la propreté des lieux ou des objets.

— Ne pas la houspiller ou être impatienté par sa lenteur.

— L'encourager à retrouver des habitudes « normales » en lui donnant l'exemple ou en lui expliquant ce que c'est. Par exemple, lui conseiller de ne pas laver chaque jour les vêtements qu'elle vient de porter, lui dire qu'une toilette complète peut se faire en une demi-heure...

— Dès qu'elle agit dans le bon sens, l'encourager. Par exemple, si elle arrive à toucher un objet qu'elle évite d'habitude, la féliciter.

— Enfin, préparer avec elle un programme de changement gradué, comme cela a été expliqué page 77.

— Avoir des objectifs réalisables et modestes, et ne pas hésiter à répéter souvent ces exercices.

Phobie simple : une peur qui peut devenir gênante

Ce type de réaction est extrêmement fréquent et la plupart des gens vivent très bien avec leur anxiété. Cependant, si certaines situations sont faciles à éviter, d'autres ne le sont pas. La vie sociale de l'anxieux et de son entourage peut en pâtir. Il s'agit d'une peur irraisonnée qui prend parfois racine dans des expériences passées. Par exemple, avoir vu une personne se faire mordre peut être le catalyseur d'une phobie des chiens.

Votre partenaire est conscient du caractère irraisonné de sa peur, mais il ne peut s'empêcher de fuir lorsqu'il rencontre « l'objet » de cette peur. Ce peut être un animal : chien, chat, oiseau, ou serpent ; un insecte : araignée, guêpe, fourmis ; un élément de la nature : eau, vent, orage, la vue du sang... Sa vie est tout à fait paisible et normale jusqu'au moment où il se trouve en présence de l'objet redouté. La peur le submerge alors, avec tout le cortège des signes neurovégétatifs qui l'accompagnent : accélération du cœur, sueur, respiration difficile. Dans le cas de la phobie du sang, des blessures et des piqûres, la réaction physiologique est différente : le rythme cardiaque se ralentit, la tension artérielle baisse, l'anxieux pâlit et s'évanouit.

La plupart du temps, le phobique s'arrange pour ne pas faire de « mauvaises rencontres », ce qui rejaillit parfois sur la vie familiale. Par exemple, il peut être intraitable avec son conjoint et refuser de rentrer dans une pièce tant que l'araignée qu'il aperçoit n'en sera pas sortie, « les pieds devant » s'il le faut. Mais certains objets phobiques ne sont pas aussi facilement évitables et ce type d'anxiété devient alors véritablement gênant.

Que faire si...

Carine a peur des chiens :

La tante de Carine, qui possède un caniche nain, ne voit plus sa nièce depuis longtemps. En effet, celle-ci a une peur bleue de tous les chiens. Que proposer à cette tante ? Un moyen serait de rencontrer sa nièce en l'absence du chien. Mais que de contraintes cela implique ! Il faut d'abord éviter les chiens dans la rue, ne pas aller dans les cafés qui possèdent ce gardien à quatre pattes. Laisser toutou enfermé dans la pièce à côté ne suffit pas à détendre Carine. Que faire alors ?

— D'abord la tante de Carine doit être très tolérante et patiente, surtout ne pas se moquer d'elle ou la dévaloriser.

— Elle peut l'aider à approcher très graduellement le caniche, jusqu'à le toucher. (Voyez page 77 comment établir une liste de situations hiérarchisées). Attention, elle doit veiller à ce que cette approche soit très progressive. Elle ne doit jamais brusquer les choses et Carine doit être d'accord avec cette procédure, sinon tout peut tomber à l'eau. Elle doit l'encourager au maximum.

— Avant chaque exercice de confrontation avec l'animal, elle la laissera se relaxer un instant.

— Elle peut demander à Carine ce qu'elle craint en présence d'un chien. Bien souvent, il est inutile d'apporter une information sur les dangers réels, *car l'anxieux a de nombreuses fausses croyances qui le mettent inutilement en alerte. Elle peut aussi lui proposer de lire des ouvrages sur les chiens.*

Jean a peur du sang, des piqûres et du dentiste.

Jean a la chance d'être en bonne santé, car il ne met pas les pieds chez le médecin depuis des années. La vue du sang l'angoisse et il tourne de l'œil à la moindre blessure. Mais depuis quelque temps, une carie le fait souffrir. Sa femme a pris pour lui un rendez-vous, mais elle craint que Jean renonce à s'y rendre. Que faire ?

— Nous conseillons une approche similaire à celle que nous avons préconisée pour Carine.

— Cependant, pour éviter l'évanouissement, Jean ne devra pas se relaxer : au contraire il s'efforcera chez le dentiste de faire jouer ses muscles, et de les contracter.

— Par ailleurs, il serait utile d'en parler avec le dentiste avant le rendez-vous afin que celui-ci prenne des précautions. De plus, le fait de parler dédramatise la situation.

— Pour se préparer à affronter la situation, il peut, plusieurs jours avant le rendez-vous, évoquer quotidiennement en imagination la séance chez le dentiste, de la façon la plus réaliste possible. Sa femme peut l'y aider en lui racontant la scène en détails pendant qu'il reste assis dans un fauteuil les yeux fermés. Il évaluera son degré d'anxiété au début et à la fin de chaque exercice de visualisation et écrira ses notes sur un cahier pour pouvoir les comparer d'un jour à l'autre.

L'anxiété liée à un traumatisme

Il est hélas fréquent de rencontrer dans son entourage quelqu'un qui a vécu un événement traumatisant : hold-up, agression (sexuelle ou non), catastrophe naturelle (inondations, incendies), attentat, accident de voiture, deuil... sans parler de la guerre. Le fait d'avoir assisté aux malheurs subis par d'autres peut aussi constituer une expérience traumatisante. Ces personnes revivent inopinément la scène traumatique, ou la ressassent sans pourvoir exorciser le mal qui les ronge. Tout ce qui rappelle de près ou de loin l'expérience traumatisante ravive l'angoisse et provoque la fuite. Ainsi, Colette paniquait littéralement dès qu'elle voyait une personne vêtue de noir ou portant un casque de moto, après avoir subi une attaque dans une banque par un homme vêtu de noir et casqué. Ces personnes luttent pour oublier, mais n'y parviennent pas et font de fréquents cauchemars en rapport avec cet épisode de leur existence. Cet évitement sans succès leur demande beaucoup d'énergie. La vie relationnelle s'appauvrit et les proches voient avec frayeur la personnalité de l'anxieux changer, et celui-ci s'éloigner de plus en plus d'eux. Tous ces signes peuvent apparaître assez longtemps après l'épisode traumatique. Les anxieux qui présentent ces signes ont besoin d'une aide professionnelle. Leur entourage, par sa présence chaleureuse, peut aider grandement à l'amélioration. Cependant, c'est surtout en étant très attentif le plus tôt possible que l'on peut empêcher l'angoisse de s'installer d'une façon chronique.

Entourez le plus possible la personne qui a subi le traumatisme, dès le départ. Ecoutez-la, soutenez-la. Aidez-la à parler de ses angoisses. C'est la meilleure chose à faire pour que peu à peu les choses rentrent dans l'ordre. Surtout, n'évitez pas de parler du problème, mais sachez aussi parler d'autres sujets, car la vie continue !

La dépendance aux médicaments, au tabac, à l'alcool

Dans ce paragraphe, nous dirons simplement que deux conséquences malheureuses de l'anxiété sont l'alcoolisme et la toxicomanie. Pour lutter contre ses difficultés, l'anxieux peut se tourner vers la boisson, le tabac, ou les médicaments. Le tabac donne une contenance, l'alcool sert à diminuer l'anxiété et à lever les inhibitions, comme on l'a vu dans le paragraphe sur l'anxiété sociale. Mais l'alcool et le tabac peuvent aussi augmenter l'anxiété. Quant aux anxiolytiques, ils risquent de créer à la longue une accoutumance psychologique ; le sujet se sent fragile sans ses médicaments.

Si votre partenaire consomme de l'alcool, du tabac ou des anxiolytiques et des somnifères, demandez-vous s'il ne s'agit pas là des conséquences de son anxiété. Attention, ce n'est pas toujours vrai ! Mais si cela vous paraît être le cas, reportez-vous aux paragraphes précédents pour aider l'anxieux à s'en sortir. Vous pouvez aussi faire appel à une aide spécialisée.

Cela n'a rien de honteux de demander une aide extérieure, car parfois l'anxiété s'est en quelque sorte enkystée et il est difficile de faire bouger la situation. C'est d'autant plus difficile qu'il s'agit d'un proche et qu'il ne vous écoutera pas forcément. Nul n'est prophète en son pays ! Quoi qu'il en soit, votre aide peut être précieuse pour le thérapeute et pour votre partenaire ; aussi, n'hésitez pas à discuter avec eux des modalités d'un programme thérapeutique dans lequel vous pouvez prendre une part active.

Chapitre 4

LES ENFANTS ET LES ADOLESCENTS ANXIEUX

De même que pour l'adulte, il est nécessaire de faire la distinction, chez l'enfant et chez l'adolescent, entre une anxiété normale et une anxiété pathologique. Etre anxieux, en soi, n'est pas anormal ; comme nous l'avons souligné maintes fois, la différence entre l'anxiété normale et l'anxiété pathologique n'est qu'une différence de degré. Tous les enfants présentent certaines phobies, tous ont des peurs à des moments divers. Ce n'est pas pour autant qu'il faut consulter un spécialiste. Lors de ce chapitre, nous tâcherons de bien présenter les troubles anxieux véritables des enfants ainsi que certains troubles annexes, appelés les troubles de l'adaptation.

L'anxiété normale et l'anxiété pathologique

L'anxiété chez l'enfant est normale lorsque son intensité est supportable et lorsqu'elle ne l'empêche pas de fonctionner et de s'adapter rapidement à des situations de la vie. En fait, une anxiété normale est une réponse classique à un stress, réponse qui disparaît rapidement pour permettre à l'enfant de retrouver son état antérieur. Illustrons par un exemple : un adolescent, la veille du bac, peut très bien ressentir des tensions musculaires, de légers troubles de sommeil, voire des crampes à l'estomac et des nausées. Nous dirons que cette anxiété est normale lorsqu'elle disparaît dès que l'adolescent se met à travailler, à répondre efficacement aux questions. En revanche, nous la qualifions de pathologique ou excessive si elle empêche l'enfant de se concentrer, de faire son travail, de mobiliser son énergie physique et mentale. Dans un cas, l'anxiété sert de démarreur ; dans l'autre, de frein. Dans un cas, elle stimule, dans l'autre, elle inhibe.

Toute manifestation de l'anxiété, même excessive, chez l'enfant, n'est pas forcément à qualifier de trouble anxieux au sens psychiatrique du terme. Tant que l'anxiété apparaît face à un stress ponctuel et identifiable et qu'elle disparaît en peu de temps, il s'agit non pas d'un trouble anxieux mais d'un trouble de l'adaptation : un moment difficile à passer. L'enfant peut très bien avoir besoin d'aide dans ces moments-là, mais l'aide sera, tout comme le trouble, de courte durée. Un peu de soutien, tant de la part de ses parents que de la part d'un thérapeute, devrait suffire pour surmonter rapidement le problème.

Le stress de l'enfant

Parmi les stress importants que peuvent rencontrer les enfants, il y a les déménagements, les changements d'école, la séparation des parents, voire le fait d'apprendre qu'il est atteint d'une maladie. De tels stress, il faut bien l'admettre, sont moins habituels dans la vie d'un enfant qu'un contrôle de connaissances. Il a donc peu l'occasion de s'y préparer et encore moins de s'y adapter ; ainsi, sa capacité à y répondre efficacement (en retrouvant son niveau de calme habituel) risque d'être facilement perturbée. Pendant des semaines, avant et après l'événement, il peut avoir besoin de temps pour s'y préparer et s'en remettre. Si le stress est important, l'enfant peut présenter des symptômes physiques, plonger dans les préoccupations et les ruminations, devenir d'humeur maussade. N'oublions pas que tous les enfants ne manifesteront pas une anxiété pathologique face aux stress ; certains encaissent miraculeusement bien les coups, d'autres éprouvent plus de difficultés.

Quand faut-il consulter ?

Si votre enfant est confronté à un stress et semble avoir des difficultés à s'en sortir, essayez dans un premier temps de le faire parler. Ne banalisez pas sa souffrance, soyez empathique et attentif. Dans bon nombre de cas, cette attitude suffira pour permettre à l'enfant de digérer son stress et de trouver lui-même des stratégies efficaces pour le gérer. Consultez un spécialiste uniquement si votre relation avec l'enfant est telle que vous n'arrivez, ni l'un ni l'autre, à vous comprendre et/ou si le trouble persiste au-delà d'un mois. Mais laissez, à vous-même et à votre enfant, le temps de tenter de faire face aux problèmes rencontrés avant de vous précipiter chez un thérapeute. Le stress fait partie de la vie et, en grandissant, nous sommes tous obligés d'apprendre à y faire face.

Les troubles anxieux

Quant aux véritables troubles anxieux, il s'agit de syndrômes bien caractéristiques et bien durables. Dans bon nombre de cas, de tels troubles surviennent en l'absence de facteurs de stress déclenchants. Le handicap est important, le sujet est invalidé, la souffrance est maximale et on a l'impression que tout tombe du ciel sans raison. L'attitude des parents est importante ; l'écoute est toujours bienvenue, mais très tôt, face à ce genre de difficulté, elle n'est guère suffisante.

Souvent, les parents se trouvent face à un problème de nature totalement irrationnelle. Ils ont du mal à saisir le pourquoi et le comment en l'absence de facteurs déclenchants ou d'événements stressants auxquels ils pourraient rattacher les attitudes et les comportements de leurs enfants. Ils ne comprennent pas de quoi l'enfant a peur, ni pourquoi soudainement il s'est mis à avoir peur. Dans ce cas, il est préférable de consulter un spécialiste, car l'incompréhension parentale est très mal supportée par les enfants, d'une part, et l'incapacité à répondre aux besoins de leurs enfants est source d'anxiété et d'inquiétude pour les parents eux-mêmes, d'autre part. Cela crée un cercle vicieux où chacun se sent mal, tout en étant impuissant devant le problème, ce qui finit par l'aggraver. Les parents ne peuvent pas être à la fois thérapeutes et parents ; chacun sa spécialité et dans ce cas, il est préférable de nous laisser jouer le rôle de thérapeute.

Au cours du chapitre précédent, nous avons présenté les grands troubles anxieux chez l'adulte. A l'exception de l'anxiété de séparation dont il sera question ultérieurement, les troubles anxieux de l'adulte sont proches de ceux de l'enfant. De ce fait, nous ne nous attarderons pas sur des présentations de troubles que nous avons décrits lors du chapitre 2. En revanche, nous présenterons les troubles typiques de l'enfant et nous insisterons sur les éléments qui distinguent les formes enfantines de l'anxiété des formes adultes.

L'hyperanxiété

C'est la forme enfantine de l'anxiété généralisée chez l'adulte, ce qui ne signifie en aucun cas que les petits hyperanxieux sont forcément condamnés à devenir des grands anxieux généralisés. Nous reviendrons par la suite sur la question du devenir des troubles anxieux de l'enfant à l'âge adulte. Pour le moment, nous allons décrire cette maladie chez les enfants, maladie qui ressemble à sa forme adulte, l'anxiété généralisée.

Les pensées anxieuses

L'enfant souffrant d'hyperanxiété se fait du souci en permanence pour l'avenir : il est troublé par la guerre, le chômage, la réussite scolaire. Il rumine également le passé (il est hanté par les fameux « j'aurais pas dû »). Il se demande en permanence comment il va se comporter pour faire face à un examen, à un match, à une répétition, se sous-estimant toujours et surestimant ce qui lui est demandé. « Je ne vais jamais pouvoir », « ça va être trop difficile », « ils sont mieux que moi », sont des exemples de pensées automatiques de l'enfant anxieux, en dépit, bien sûr, de résultats contraires. S'il gagne un match ou s'il réussit à un contrôle, c'est, se dit-il, parce que c'était trop facile. Il n'attribue pas ses réussites au fait d'avoir été bien préparé, pensant qu'elles résultent plutôt d'un coup de chance. Or, sachant que la chance, comme la foudre, ne frappe pas deux fois au même endroit, l'enfant anxieux ne croit pas à la possibilité de réussir une deuxième fois.

Par ailleurs, ce pauvre enfant souffre aussi de maux physiques : des nausées, des maux de tête. Ces symptômes ne sont pas ponctuels (la veille d'un match ou d'un contrôle) mais chroniques, sans lien avec des événements réels.

Finalement, l'enfant hyperanxieux a besoin d'être rassuré en permanence. Il pose mille questions à ses parents, à ses professeurs sur l'avenir, sur ses performances. Les réponses rassurantes qu'on peut lui donner ne lui suffisent jamais et il revient toujours à la charge avec un « mais si ».

Quand faut-il consulter ?

Il n'est pas difficile de reconnaître dans le portrait de cet enfant des ressemblances avec l'adulte anxieux chronique. Toutefois, il existe deux petites différences : les préoccupations des enfants et des adultes diffèrent, et les plaintes du corps sont moins fréquentes chez l'enfant. Il est rare de rencontrer chez lui la tension musculaire, la raideur de la nuque et les maux de dos qui sont si caractéristiques des adultes anxieux.

Si vous soupçonnez votre enfant d'être hyperanxieux, consultez votre pédiatre ou un psychothérapeute pour enfants. Ce type de problème mérite une prise en charge. Plus tôt vous agissez, moins il y aura de risques d'aggravation. Il est important d'être toujours à l'écoute de son enfant, de le laisser librement exprimer ses sources d'inquiétude. Essayez de créer un climat de confiance, de le rassurer et de contrer ses arguments en insistant sur ses qualités et sur les réussites qu'il oublie.

Si votre enfant est réellement hyperanxieux, votre soutien ne suffira pas, même s'il représente un apport indispensable à la guérison. Restez ferme, cependant, poussez-le à entreprendre des activités. Ne dramatisez pas non plus son problème.

Lorsque vous consultez, sachez que la coopération entre vous et le thérapeute est nécessaire à la bonne marche de la thérapie. Le thérapeute vous aidera à adopter les comportements et les attitudes adéquats. N'hésitez pas à lui poser toutes les questions qui vous viennent à l'esprit, à exprimer librement vos craintes et vos difficultés. Il pourra vous soulager, à votre tour, et vous évitera de rentrer dans un cercle vicieux d'anxiété et de culpabilisation. Les difficultés de votre enfant ne sont pas imputables à vous, mais votre comportement et vos attitudes peuvent les renforcer, sans que vous en soyez conscients. Le thérapeute vous aidera à ne pas tomber dans ce piège.

Le trouble panique

De même que l'anxiété généralisée, le trouble panique existe chez l'enfant, même chez les tout petits. Ce trouble peut s'accompagner d'une agoraphobie. L'enfant paniqueur est pris de crises d'angoisse soudaines, caractérisées par la peur de mourir subitement et par des symptômes particulièrement pénibles : l'oppression respiratoire, les nausées. Les crises peuvent survenir dans des lieux précis : grandes surfaces, souterrains, auquel cas on parle d'agoraphobie ; ou elles peuvent apparaître n'importe où, auquel cas nous dirons qu'il s'agit de crises spontanées.

L'agoraphobie n'est pas, en soi, le résultat d'un événement traumatique ; ce qui la caractérise, c'est l'apparition d'une première crise dans un lieu donné. Pour cette raison, la peur qu'éprouve l'enfant paraît incompréhensible et irrationnelle à l'entourage. Pour l'enfant, cette peur est réelle, la souffrance est terrible et ce trouble nécessite, à tout prix, une prise en charge spécialisée. S'il est vrai que le trouble panique chez l'enfant peut disparaître de lui-même, il n'en demeure pas moins que les handicaps occasionnés sont importants : ce trouble peut entraîner un fléchissement scolaire ou un repli sur soi. En attendant que survienne une guérison spontanée, l'enfant souffre énormément. Il est donc préférable de consulter.

Quant à votre attitude, soyez rassurant au possible, écoutez votre enfant, mais surtout, en cas d'agoraphobie, ne faites pas les choses qu'il redoute à sa place, ce qui aurait comme conséquence de renforcer les évitements. Plus l'enfant recule devant les activités, plus il s'impose des limites, et pire sera l'évolution de son trouble. Le thérapeute vous aidera à vous déculpabiliser et à rester ferme et attentif à la fois. Ce n'est pas de votre faute si votre enfant est paniqueur. Soyez rassuré, toutefois. Ce trouble est moins fréquent chez les enfants que chez les adultes.

Les phobies simples

Autant l'agoraphobie est rare chez l'enfant, autant les phobies, en général, sont monnaie courante. Tous les enfants ont des phobies. Nous réservons le terme phobie simple pour désigner une angoisse excessive et persistante, poussant l'enfant à adopter des conduites d'évitement et perturbant son développement normal. Autrement dit, toute peur enfantine n'est pas phobie ; toute peur ne nécessite pas une consultation. Un enfant qui ne connaît pas la peur est inquiétant. Un tel enfant mériterait d'être emmené en consultation, tout comme un enfant dont les peurs sont envahissantes.

Les phobies normales : la peur de l'étranger

Quelles sont les peurs normales et vers quel âge apparaissent-elles ? En général, vers huit ou neuf mois, les bébés manifestent leur première réaction de peur face aux personnes inconnues. Jusqu'à cet âge, le bébé réagit favorablement à un visage peu familier, mais souriant, même s'il existe une variabilité importante dans la réaction d'un enfant à un autre, et même si la peur de l'étranger n'est pas aussi systématique que ce qu'on pensait autrefois. Certains enfants ne manifestent aucune peur à huit mois, d'autres réagissent plus tôt, et quelques-uns presque jamais. L'expérience, les modes de garde et l'attitude des parents, le lieu de la rencontre avec la personne étrangère influencent la façon dont le bébé accueille un étranger.

Lorsque le bébé manifeste une peur des visages inconnus, nous observons les réactions suivantes : vers huit ou neuf mois, et parfois d'un jour à l'autre, le bébé s'effraye si une personne inconnue s'approche de lui ; il cherche à se faire consoler par ses parents. Totalement paniqué, il tend les bras à sa maman à l'arrivée de la baby-sitter qu'il accueillait, la veille, avec le sourire. La mamie qu'il aime bien, mais qu'il ne voit qu'épisodiquement, lui inspire, au grand désespoir de celle-ci, une terreur intégrale. La boulangère qui lui offre toujours un bout de croissant se fait remercier un jour par des pleurs et des hurlements, le bébé se blottissant contre sa maman.

Cette réaction est normale. Elle disparaît avec le temps, souvent vers douze ou treize mois. A cette période, l'enfant admet mieux l'inconnu et les inconnus. De par ses propres déplacements dans l'espace, le bébé prend confiance en lui, apprend à faire apparaître et disparaître les objets, à maîtriser les choses nouvelles, et à accepter que sa maman et son papa le laissent.

La peur des animaux, des morsures, du loup

De deux à quatre ou cinq ans, débutent la peur du loup, la peur d'être mangé ou mordu, la peur du noir. A trois ans, l'enfant a souvent peur du contact avec certains animaux : peur de toucher les poils, peur des insectes et des reptiles. A quatre ou cinq ans, apparaissent les peurs de blessures ou d'accidents. L'environnement culturel joue un rôle capital dans les peurs : la télévision a créé de nouvelles frayeurs : aujourd'hui, les enfants ont aussi peur des robots et des créatures de science-fiction que du loup et de la sorcière de jadis. La capacité à se représenter mentalement les objets et les personnes est en plein développement à cette période. Cependant, l'enfant ne saisit pas toujours la différence entre la réalité et l'imaginaire, ce qui explique qu'il se fait peur très facilement.

Petit à petit, l'enfant distingue le rêve et le réel et cesse de croire, non sans regret parfois, aux monstres et aux sorcières. Ses centres d'intérêt se modifient, son esprit est occupé par les soucis scolaires, son corps se développe, lui donnant une maîtrise plus grande de lui-même et de son univers. De ce fait, il se positionne de moins en moins en victime susceptible d'être mangée, et ses peurs disparaissent d'elles-mêmes.

De telles peurs sont normales ; elles font partie du développement de l'enfant qui a du mal à distinguer le réel et l'imaginaire avant l'âge de six ou sept ans. Jean Piaget, l'éminent psychologue pour enfants, appelle « pensée magique » le mode de pensée des enfants de cet âge. (Nous retrouvons des résidus de pensées magiques chez les adultes « normaux » et, d'autant plus chez les anxieux.) En jouant, les petits croient totalement à la réalité de leurs jeux : s'ils jouent au loup, ils se font peur et plaisir en même temps. Persuadés par moments des risques de se faire manger, le jeu se termine souvent en pleurs. Les plus grands continuent à y jouer, mais ils y croient beaucoup moins, ou font semblant de ne pas y croire (tout en y croyant toujours), se délectant des frayeurs des petits frères et sœurs. Les petits sont friands d'histoires et de jeux de loups et de sorcières, même s'ils ont besoin d'être rassurés au moment du coucher, à savoir qu'il n'y a ni loup ni sorcière sous le lit.

Par ces jeux, les enfants arrivent à exorciser leurs peurs, et à contrôler leur environnement. En jouant le rôle du chasseur, du docteur, voire du loup, l'enfant développe un sentiment de maîtrise et de compétence, sentiment qui fait défaut chez les enfants anxieux. Ces jeux de rôle lui permettent d'aborder sereinement les stress de sa petite vie. Après tout, s'il est capable de tuer un loup, il peut très bien faire une dictée. Par conséquent, il ne faut pas interdire les jeux du loup, ni bannir la lecture des contes. A force de valser entre l'un et l'autre, la peur se tasse et la maîtrise s'accroît.

L'attitude de l'entourage

L'attitude de l'entourage exerce une forte influence sur l'évolution de la peur normale en phobie véritable. Il ne faut jamais se moquer d'un enfant. Il faut écouter ses histoires, ses cauchemars attentivement, sans les dramatiser, mais en évitant de montrer une compréhension excessive. Il est important pour lui d'avoir le sentiment qu'en cas de besoin, papa, maman, le maître et la maîtresse viendraient à son secours. Mais évitez d'aller trop loin dans le sens de sa frayeur, de peur de transformer une peur en véritable phobie.

N'exigez pas non plus que l'enfant soit toujours téméraire. Ne le forcez pas à regarder des émissions qui l'effrayent ou à toucher des petits animaux qui le terrorisent. Laissez sa peur évoluer tout naturellement. Respectez-la, mais ne la renforcez pas. Surtout, n'oubliez pas qu'en tant que parent, vous êtes un modèle pour l'enfant, qui calque ses attitudes et ses comportements sur les vôtres. Montrez que vous-même vous n'avez pas peur du loup, des sorcières et des fourmis et, rassuré, il évoluera vers une maîtrise de ses petites phobies.

La phobie du noir

Les phobies que nous venons de décrire sont souvent bien tolérées par les familles. Elles font rarement l'objet d'une consultation. La phobie du noir, en revanche, figure parmi les plus fréquentes chez les petits de deux à six ans et est souvent source de conflits familiaux. Elle apparaît soudainement entre deux et trois ans. Elle est normale. Parfois, elle se transforme en véritable phobie du coucher avec un refus d'aller au lit, un trouble de l'endormissement, et l'enfant qui finit par se coucher dans le lit des parents.

Ce qu'il faut faire et ne pas faire

Pour éviter qu'une peur banale du noir ne se transforme en phobie, évitez de lire des histoires qui font peur et bannissez le soir les émissions de télévision violentes. Laissez à votre enfant le droit d'un petit rituel de vérification au moment du coucher : permettez-lui de regarder sous le lit, derrière le fauteuil, pour s'assurer qu'il n'y a ni monstres ni sorcières prêts à lui bondir dessus. Laissez-le dormir avec une peluche ou une vieille couverture. Ne fermez pas sa porte et prévoyez une veilleuse. Ne perdez pas votre temps à essayer de le raisonner. C'est peine perdue. Ne vous énervez pas, ne vous moquez pas de lui, ne lui dites jamais qu'il est trouillard ou bébé ; il est normal. Sa peur lui passera comme elle est arrivée, un beau jour, vers la rentrée en CP. Soyez compréhensif, mais ferme. Evitez de le prendre dans votre lit, il n'en sortira jamais ; mais allez le voir et le consoler en cas de cauchemars ou de grosses frayeurs occasionnées par des ombres ou des bruits inhabituels.

Quand faut-il consulter ?

Rares sont les parents qui consultent pour une phobie simple. Renseignez-vous autour de vous. Voyez comment se comportent les camarades et surtout, mesurez le niveau de handicap ou de perturbation avant de décider que le comportement de votre enfant est normal ou non. Même si l'enfant vous paraît plus peureux que vous à son âge, même si son comportement vous agace, essayez de le lui cacher. Laissez-lui le droit de manquer de bravade. N'enfoncez pas les clous. Evitez les comparaisons avec un frère ou une sœur plus courageux. En dernier lieu, ne maximisez pas les troubles : votre enfant n'est pas le seul à avoir des peurs et des phobies.

La phobie sociale

Il existe, néanmoins, une phobie, la phobie sociale, qui mérite d'être prise en charge en psychothérapie. La phobie sociale chez l'enfant est fréquente et invalidante. Elle se distingue de la simple timidité.

Comment peut-on la reconnaître ? Comme chez l'adulte (voir le chapitre 2), elle se caractérise par une vie sociale restreinte, par des symptômes physiques importants (maux de tête et de ventre, nausées), et par l'évitement massif de situations sociales. Les enfants qui souffrent de phobie sociale ont une très faible estime de soi. Ils sont hypersensibles, vivant avec une peur intense d'être rejetés, de paraître ridicules, de ne pas connaître la bonne réponse. Ils ruminent en permanence, envahis par des pensées telles que : « comment ils m'ont trouvé ? », « j'avais l'air bête », « pourvu qu'elle ne m'appelle pas pour aller au tableau ». Ils s'assoient au fond de la classe, ils évitent de manger avec les autres. Ils recherchent le plus souvent la compagnie d'enfants plus jeunes, voire plus inhibés qu'eux. A l'adolescence, ils cultivent une image très conformiste, de peur de se faire remarquer. Ils souffrent également de leur image corporelle. Ils se trouvent tous les défauts physiques et psychologiques.

Apprendre à distinguer entre ce qui est normal et ce qui ne l'est pas

Tous les adolescents passent des heures devant la glace ; ils se critiquent tous, se trouvant trop gros, trop moches. L'adolescent phobique social, lui, souffre davantage de ses imperfections. Il n'arrive pas à prendre du recul et, contrairement à ses camarades de classe, il souffre seul dans son coin. Si votre enfant évite toute activité, n'a aucun ami ou très peu, s'il se replie sur lui-même et s'il parle très peu, fuyant systématiquement le regard, il est probable qu'il souffre d'une phobie sociale.

Que faire ?

Tout d'abord, essayez de faire parler votre enfant de ce qu'il ressent, de tout ce qu'il redoute. S'il est trop inhibé pour s'ouvrir à vous et si, vous-même, vous avez des difficultés à lui parler, de peur de jouer le rôle d'inquisiteur, cherchez de l'aide. Votre enfant pourrait probablement bénéficier d'une relation psychothérapique, pour apprendre à parler de lui-même et de ses craintes en relation duelle. Il pourrait profiter, par la suite, d'un groupe d'affirmation de soi pour apprendre à prendre la parole en groupe, pour développer les habiletés sociales et l'aisance qui lui font défaut.

Ne harcelez pas votre enfant. Ne le questionnez pas sans cesse. Essayez de parler de vos propres expériences de trac et d'anxiété sociale, anciennes ou récentes. Montrez-lui que ce dont il souffre ne vous est pas inconnu, en insistant sur le fait que cela peut se vaincre. Il peut être utile de prendre rendez-vous avec ses professeurs afin de savoir comment il se comporte en classe. La phobie sociale entraîne souvent une anxiété importante à l'école (peur de faire un exposé, de répondre à une question, d'aller au tableau) qui peut avoir des conséquences néfastes sur les résultats scolaires.

Surtout, n'attendez pas un fléchissement scolaire total avant d'intervenir. Si vous voyez que votre enfant parle peu, se replie sur lui-même et évite le contact, agissez rapidement. Les phobies sociales peuvent empoisonner tout un cursus scolaire et leurs conséquences se font sentir à très long terme. Tous les enfants ne sont pas obligés d'être des extravertis. Les timides ont aussi leur charme, mais même les timides s'accommodent de certaines personnes et de certaines situations. Ils ont des amis et des activités. Les phobiques ne s'accommodent pas du tout, souffrent en permanence, n'osant pas nous le dire.

L'angoisse de séparation

Pathologie uniquement enfantine, l'angoisse de séparation est un trouble anxieux invalidant, qui engendre la perte de toute autonomie. Sur le plan comportemental, l'enfant refuse d'aller en colonie de vacances, de dormir chez un ami et parfois même d'aller à l'école. Il suit ses parents partout dans la maison, ne supportant pas d'être seul une minute. Sur le plan cognitif, ce trouble se traduit par une absence de projets pour l'avenir. L'enfant est incapable de se représenter adulte, ayant une vie à lui en dehors de la maison, incapable de s'imaginer adulte exerçant une profession. En quelque sorte, il ne peut pas s'imaginer grand un jour.

En revanche, il rumine beaucoup : son esprit est envahi par des scénarios de rapt et de décès parental. Sur le plan physique, l'angoisse de séparation est caractérisée par la panique et par un ensemble de symptômes typiquement anxieux : vomissements, maux de tête, nausées.

Le cas de Robert

Robert a dix ans ; il vient en consultation avec ses parents sans lesquels il est quasi-incapable de se déplacer. En fait, Robert n'accepte de s'en séparer que pour aller à l'école le matin, et cela avec grande difficulté.

Robert n'a pas d'amis ; il ne pratique aucun sport, ne participe à aucune activité culturelle ou artistique. Il ne fait rien après l'école si ce n'est ses devoirs, mais il s'y met avec difficulté.

En classe, ses professeurs le décrivent comme étant absent, distrait, triste et taciturne. Il parle peu ; il se met au fond de la classe, le plus près possible de la porte.

Le problème a débuté trois ans auparavant. Au début, Robert ne tolérait plus que ses parents sortent le soir. Ceux-ci ne sortaient pas souvent mais un soir où ils s'apprêtaient à partir, Robert a fait une véritable crise avec pleurs et vomissements. Les parents le croyant malade, sont restés. Petit à petit, ils ont refusé toute invitation car, à chaque sortie, l'enfant hurlait de plus en plus fort, devenait tout rouge, vomissait et jurait qu'il allait leur arriver un accident.

Peu de temps après, Robert a adopté le même comportement le matin, au moment du départ pour l'école. Plusieurs matins, il s'est plaint d'avoir mal au ventre pour ne pas y aller. Sa mère a appelé le médecin qui, ne trouvant rien de physique, a répondu que le problème était sûrement d'ordre psychologique. La mère de Robert a fini par le garder à la maison, pour ne plus supporter ses scènes qui devenaient de plus en plus pénibles. L'enfant s'est montré violent avec sa mère, la tapant, la mordant, lorsqu'elle essayait de le contraindre à aller à l'école. Suite à des absences scolaires répétées, les parents de Robert se sont fait convoquer à l'école par le directeur. Sous la menace d'exclusion scolaire, la mère de Robert a décidé de démissionner de son travail pour accompagner son fils à l'école le matin, le récupérer à midi et à quatre heures. Dans ces conditions, et uniquement dans ces conditions, Robert a accepté de réintégrer l'école.

Actuellement, Robert accompagne sa mère partout. Elle l'emmène faire ses courses, chez le coiffeur, dans les grands magasins. Pour sa part, la mère n'a plus aucune vie sociale à elle, ne voit pas d'amies. Les parents ne sortent plus le soir ; leur vie de couple est inexistante. Tout tourne autour de Robert et de ses difficultés. Bien entendu, Robert ne part jamais en colonie de vacances, ne dort jamais chez un ami, ne part jamais chez les grands-parents. Tout en ayant sa propre chambre, et malgré ses dix ans, il lui arrive de dormir dans le lit de ses parents.

Robert exprime clairement sa peur de laisser ses parents, plus particulièrement sa mère, lors-

qu'il part à l'école. Il craint de ne pas la retrouver à la sortie, il redoute qu'elle soit victime d'un accident de la route ou d'une agression. De même, il dit ne pas pouvoir supporter de rester seul, même le temps que sa maman fasse une course, car on pourrait, dit-il, venir l'enlever lui-même dans l'appartement. Robert fait souvent des cauchemars de rapts et d'accidents mortels. Toutefois, il n'a jamais connu d'événement traumatique de ce type : il n'a été témoin d'aucune agression, ni d'aucun accident. Ses parents sont en bonne santé.

Lorsqu'on lui demande ce qu'il veut faire quand il sera grand, il est incapable d'envisager son avenir professionnel. Il dit avoir peur de devoir travailler un jour, car il sait que cela l'obligera à quitter la maison et les parents. Il n'a pas envie de grandir, de partir, de fonder une famille lui-même, et préfère rester auprès de ses parents.

A l'école, Robert ne travaille qu'à moitié et cela vraiment lorsqu'on le sollicite et qu'on se met à côté de lui pour surveiller son travail. Autrement, il ne fait rien. Il ne montre pas d'enthousiasme particulier pour l'école, donne l'impression d'y aller contraint et forcé.

Le cas de Robert a pour but d'illustrer l'anxiété de séparation chez l'enfant. Normalement, les enfants de l'âge de Robert sont capables de tolérer la séparation, certains la recherchent même activement. Par contre, pour les enfants souffrant de ce trouble, la moindre séparation provoque un état d'angoisse et de panique. Ces enfants ruminent jour et nuit, ont du mal à se concentrer, à s'échapper des scénarios catastrophes, à se projeter dans l'avenir.

Ce qu'il faut faire et ne pas faire

A travers le comportement des parents de Robert, nous avons cherché à illustrer ce qu'il ne faut pas faire face à ce type de problème. Premièrement, ces gens ont bien attendu trois ans avant de consulter : c'est beaucoup trop. Deuxièmement, ils ont chamboulé leur existence pour tout aménager autour de l'anxiété de leur enfant. Cette attitude, notamment celle de la mère qui a tout abandonné pour son enfant, n'a fait que renforcer les difficultés du fils. En sacrifiant toute vie de couple, les parents de Robert n'ont pas su refuser de se plier à des demandes excessives et anormales.

Face à un cas pareil, il est très important d'être à l'écoute de l'enfant, de lui permettre de dire sans honte et sans gêne ce qu'il ressent. Il est indispensable de le rassurer, sans pour autant modifier les habitudes de la famille. Il faut que l'enfant puisse faire part de ses ruminations. Mais si les parents doivent apprendre à l'écouter, ils doivent aussi le critiquer. Il faut être capable de le rassurer sans pour autant céder à tout.

Quand faut-il consulter ?

Lorsque l'anxiété de l'enfant se manifeste sans raison apparente, cela est déjà un signe d'alerte. Lorsqu'elle perdure, atteignant des niveaux paroxystiques, il est indispensable de consulter. On doit apprendre à reconnaître le caractère excessif des comportements et des attitudes d'un enfant. Ceci est parfois difficile lorsqu'il s'agit de son propre enfant. En cas de doute, il convient de se renseigner auprès de son médecin.

Les parents ne peuvent pourtant pas porter la double casquette de parents et de thérapeutes. Face aux demandes excessives et face à une angoisse importante, il vaut mieux chercher de l'aide. Le psychothérapeute tâchera d'amener l'enfant à accepter une séparation de plus en plus longue. Il l'aidera à la supporter. Par définition, il est trop difficile pour les parents, seuls et sans soutien, d'imposer une séparation qui fait souffrir leur enfant. Pour ne pas tomber dans le cercle vicieux des parents de Robert, il est préférable de consulter, laissant ainsi au thérapeute le rôle de celui qui impose des limites et refuse de céder. Par ailleurs, le thérapeute vous aidera à ne pas sombrer dans la culpabilité.

Le trouble obsessionnel compulsif

L'anxiété de séparation n'apparaît que chez l'enfant ; le TOC, comme nous l'avons vu au cours du chapitre 3, est commun aux adultes et aux enfants. Pourtant, entre la forme adulte et la forme enfantine, il existe des différences. Chez l'enfant, les rituels de lavage sont fréquents, les rituels de vérification rares. Autre différence : l'enfant est moins critique de ses obsessions que l'adulte. Celui-ci est conscient de la nature absurde de ses préoccupations, alors que l'enfant, lui, est souvent persuadé de la nature bien fondée des siennes.

• Les « rituels » normaux. Tout rituel n'est pas signe de TOC. Tous les enfants en ont, de même que des pensées magiques, qui ne sont pourtant pas des obsessions, auxquels ils adhèrent sans vraiment y adhérer. Un enfant qui, avant de se coucher, vérifie qu'il n'y a pas de sorcière sous le lit, ou celui qui a besoin d'une peluche ou d'une couverture pour trouver le sommeil, n'est pas phobique. De même, celui qui évite de marcher sur les fissures du trottoir ou tel autre qui ne marche que sur les damiers noirs, ne présentent pas de trouble obsessionnel. Un petit ou un adolescent qui collectionne des cartes, des timbres ou des dinosaures n'a rien de commun avec l'adulte qui entasse des sacs poubelles et du courrier. De tels enfants ont des comportements et des modes de pensée typiques de leur âge. Il ne faut pas oublier que le TOC se caractérise par une anxiété majeure.

Tant que votre enfant ritualise dans la bonne humeur, il n'y a rien à craindre.

Quand faut-il consulter ?

Si toutefois, votre enfant a des rituels bizarres et excessifs, des idées qui l'obligent à faire certains actes, ou s'il vous supplie d'adopter certains comportements (vérifier que le gaz est bien éteint, que la porte du garage est bien fermée), il serait utile de l'emmener voir un thérapeute. Le TOC trouble la vie de la famille. Il fait souffrir. Il handicape l'existence de celui ou de celle qui en souffre. Ce trouble ne disparaît pas tout seul. Il nécessite une prise en charge psychologique et parfois un traitement médicamenteux.

Ce qu'il faut faire et ne pas faire

En attendant de démarrer un traitement, ne changez pas les habitudes de la famille. Ne participez pas aux rituels de votre enfants. Refusez à tout prix de vérifier, de laver, et de faire quoi que ce soit qui puisse renforcer le trouble. Restez ferme, expliquez vos refus, mais refusez. Si vous changez vos habitudes pour être conformes à ses désirs, vous ne faites que renforcer ses rituels et ses souffrances. Le thérapeute vous aidera à dire non et à ne pas culpabiliser, vous, de votre côté, pour avoir refusé.

Le trouble de l'adaptation

Lorsque l'enfant, comme l'adulte, est confronté à un stress important, tel qu'un déménagement, un échec, un changement d'école, il arrive qu'il y réponde de manière excessive. La plupart du temps, cette réaction, appelée trouble de l'adaptation, est passagère. Ayant du mal à s'adapter, l'enfant peut décompenser pendant une période de durée variable. Prenons comme exemple un enfant, sans problèmes jusqu'alors qui, suite à un déménagement, devient agressif envers ses parents, se replie sur lui-même, présente des troubles du sommeil. L'agressivité, la perte de poids, les troubles de sommeil sont les signes d'une difficulté à faire face à un stress. Généralement, le trouble de l'adaptation est passager ; lorsque le comportement de l'enfant devient inquiétant, il vaut mieux consulter.

Le cas de Jennifer

Jennifer, petite fille de cinq ans, est emmenée en consultation par ses parents qui disent ne plus la reconnaître. Auparavant douce et obéissante, depuis un mois « elle n'en fait qu'à sa tête », est boudeuse et grincheuse. Cette enfant qui avait, depuis toujours, un bon sommeil, sans la moindre difficulté d'endormissement, refuse de se coucher, faisant des scènes tous les soirs.

Lors de l'entretien, nous apprenons que la famille a déménagé six semaines auparavant, ce qui signifie, pour Jennifer, un changement d'école. L'insertion dans la nouvelle école n'a pas pu se faire en douceur en raison d'un congé de maladie de la maîtresse, à la fin de la première semaine, et d'un changement quotidien de classe pour Jennifer. Ballottée de classe en classe, jour après jour, pendant trois semaines, elle n'a pas réussi à se recréer un groupe de copines. Elle qui, jusque-là, avait toujours adoré l'école, refuse maintenant d'y aller.

Au cours de l'entretien, nous apprenons que le déménagement n'a pas été bien préparé. Les parents n'en ont pas discuté avec les enfants (Jennifer et son petit frère). Les enfants n'ont pas eu l'occasion de visiter leur nouvelle maison avant d'y habiter ni de voir l'école avant d'y arriver. Alors que le petit frère a eu plus de facilité à accepter le changement, Jennifer en a souffert. Auparavant, elle avait une bande de copines, et elle était parfaitement intégrée dans l'école. Aujourd'hui elle se trouve, presque du jour au lendemain, et sans avertissement ni explication, dans un nouvel établissement.

En discutant avec la petite fille, la psychologue fait parler l'enfant des sentiments envers sa nouvelle école et sa nouvelle maison. L'enfant se plaint, d'une part, du manque de nouvelles copines, favorisé par le changement quotidien de classe. Elle se plaint, d'autre part, de ne pas avoir eu l'occasion d'aménager sa chambre à son goût. N'ayant pas pris part à la décoration, elle a du mal à « investir » sa nouvelle chambre, à s'y sentir chez elle. Les parents se sont chargés de disposer les meubles à leur manière, sans demander l'avis de l'enfant : le lit se trouve au fond de la pièce, d'où il lui est difficile d'apercevoir la lumière dans le couloir. Par conséquent, Jennifer, qui a peur de se trouver dans le noir, ne veut plus se coucher.

Que faire ?

Suite à cet entretien, quelques conseils pratiques sont donnés aux parents :

1- Prendre rendez-vous avec la directrice de l'école pour s'assurer que leur enfant se retrouve avec un même groupe d'enfants, de façon à faciliter son insertion sociale dans l'école.

2) Discuter avec Jennifer de l'aménagement de sa chambre ; profiter du déménagement pour changer de couette, de lampe... pour lui permettre d'avoir un lieu neuf, qui lui soit plus facile à « investir ».

3) Inviter quelques anciennes copines durant un week-end pour que l'enfant maintienne des liens et des repères.

Le rendez-vous suivant est fixé trois semaines plus tard. A cette date, la petite Jennifer est revenue transformée : joyeuse, souriante, « un vrai plaisir » selon les parents. L'institutrice est revenue de son congé maladie, ce qui a facilité l'insertion de Jennifer dans la classe. Jennifer commence à se faire des amies et elle apprécie même le fait d'avoir deux groupes d'amies : les anciennes et les nouvelles. La décoration de la chambre est en cours. Le refus du coucher et celui de l'école sont résolus.

Quant aux parents, ils se sont rendu compte de la nécessité de l'échange et de la préparation aux changements.

Quand faut-il consulter ?

Si votre enfant réagit d'une manière inhabituelle à un stress important, essayez de rester patient et de l'aider, pour faciliter le processus d'adaptation. En revanche, si son comportement vous paraît inquiétant, parlez-en à votre médecin ou à votre pédiatre qui pourra vous indiquer un psychothérapeute. Parfois, quelques entretiens suffisent pour passer un cap difficile. Rassurez-vous, une telle prise en charge est de courte durée. Il s'agit simplement d'apporter un soutien à l'enfant et de lui offrir un interlocuteur neutre. Il est important de parler un maximum à votre enfant, de lui expliquer les événements et de l'écouter.

Cependant, il peut nous arriver à tous de rencontrer des difficultés à communiquer avec nos enfants. Il sera alors utile d'avoir recours à un psychothérapeute pour vous aider à mieux communiquer. En ce qui concerne Jennifer, il est probable qu'une meilleure communication avec l'enfant et ses parents aurait permis d'éviter d'importantes difficultés d'adaptation.

Le refus anxieux de l'école : la phobie scolaire

Le refus anxieux de l'école ou « la phobie scolaire » est un trouble fréquent qui motive un grand nombre de consultations en pédopsychiatrie. De quoi s'agit-il ? Un enfant, sans raison apparente ou pour des raisons totalement irrationnelles, refuse d'aller à l'école. Lorsqu'il est contraint de le faire, il manifeste un état d'angoisse avoisinant la panique. Cette réaction phobique peut être occasionnée par une anxiété de séparation (l'enfant ne supporte pas d'être éloigné de ses parents), par une phobie sociale (l'enfant a peur des autres, a peur d'apparaître ridicule devant la classe), par une hyperanxiété (l'enfant imagine toujours le pire) ou par une anxiété de performance (l'enfant a peur de ne pas être à la hauteur). Quelle que soit la raison, le refus anxieux de l'école est un vrai problème, dont les conséquences sur le cursus scolaire sont importantes.

Ce trouble débute souvent vers onze à treize ans, mais peut survenir plus tôt (entre cinq et sept ans). La plupart du temps, l'enfant feint d'aller à l'école mais, en réalité, il fait l'école buissonnière ou des fugues. Ce comportement est vécu dans la plus grande honte et la plus grande culpabilité, l'enfant n'y prenant pas du tout plaisir. Les symptômes physiques sont au premier plan : douleurs, maux de tête, vomissements ; la détresse est très importante. Dans bon nombre de cas, les parents finissent par engager un instituteur à domicile, tant l'anxiété de l'enfant est importante et le problème incontournable.

Le cas de Jérémy

Jérémy a onze ans lorsque ses parents décident de consulter. L'enfant est visiblement gêné et timide, évitant le regard du thérapeute, se tournant vers ses parents avant de répondre aux questions. Les parents répondent fréquemment à sa place.

Jusqu'à trois mois auparavant, Jérémy avait eu une scolarité normale, avec des appréciations favorables des professeurs. Il n'avait jamais rencontré ni difficultés d'apprentissage, ni troubles d'adaptation : il n'avait jamais redoublé ; il avait des amis.

En début d'année, Jérémy aurait connu des difficultés lors d'un contrôle de maths. Les parents ont souvenir d'une mauvaise note ; l'enfant dit n'en avoir aucun. Par conséquent, il est difficile de peser le poids de cet incident dans la genèse des troubles. Toujours est-il qu'à partir de ce moment, Jérémy s'est mis à vomir tous les matins avant d'aller à l'école, et à supplier sa maman de le laisser rester à la maison.

Les premiers jours, la mère a cédé à la demande de son fils. Au bout d'une semaine, suivant les conseils du pédiatre, elle l'a poussé à aller à l'école, en lui disant que le problème était d'origine nerveuse et sans gravité, comme le pédiatre lui a dit de faire. Se trouvant contraint et forcé, Jérémy a répondu par des fugues, puis par des absences d'une journée, voire de plusieurs jours. Les parents, qui croyaient leur fils à l'école, se sont fait convoquer par le directeur de l'établissement. A leur grand étonnement, ils ont découvert ses absences répétées et, par la même occasion, ils ont appris qu'il était menacé d'exclusion de l'école. Celle-ci a finalement eu lieu. Les parents avaient réussi à accompagner leur fils à l'école, mais ils n'ont pas su l'obliger à y rester. Jérémy a passé les premières semaines suivant l'exclusion à la maison. Ensuite, suivant les conseils de leur pédiatre, ils ont pris la décision de consulter.

Une fois les symptômes décrits par les parents, Jérémy accepte plus volontiers de répondre aux questions. Il fait part d'une grande culpabilité occasionnée par les fugues et les absences. Il ne s'en vante nullement, mais ne voit pas comment faire autrement. Il a peur, sans pour autant être capable de nous exprimer de qui ou de quoi. Il finit par avouer qu'il préfère passer la journée dans la rue de peur de paraître ridicule. Sa hantise c'est d'aller au tableau. Jérémy ne sait pas si ses problèmes remontent ou non au contrôle de maths. Perfectionniste, il dit avoir toujours redouté l'échec. Rester à la maison le soulage et le libère avant tout, mais il souffre de ne pas être en contact avec ses copains.

Le diagnostic de refus anxieux de l'école est posé. Des éléments de phobie sociale, mais surtout d'anxiété de performance, concourent aux difficultés de l'enfant. Une psychothérapie est mise en place pour lui permettre de réintégrer l'école.

Quand faut-il consulter ?

Que faire lorsqu'on se trouve confronté à un tel problème ? Dans un premier temps, il est utile de consulter le médecin traitant pour écarter toute origine organique des troubles. Lorsque le médecin pose un diagnostic de trouble psychologique, le moment est venu de consulter un psychologue afin de prévenir des difficultés scolaires. Le refus anxieux de l'école, il ne faut pas l'oublier, est caractérisé par des manifestations chroniques de panique. En cela, il se distingue du rejet scolaire « normal », dû au désintérêt ou à la peur ponctuelle d'un contrôle.

Ce qu'il faut faire et ne pas faire

Laisser un enfant abandonner l'école n'est pas la solution. Instruire ses enfants soi-même peut être une expérience intéressante à condition que ce soit un choix et non pas une obligation. Sortir son enfant de l'école parce qu'il a peur d'y aller, ce n'est pas un choix. En fait, cela ne fait que renforcer la peur de l'enfant, repoussant à plus tard le problème.

Le thérapeute vous aidera à rester compréhensif, mais ferme. Il est indispensable de fixer des objectifs simples pour l'enfant en vue d'une réintégration scolaire. Il faut renforcer chaque comportement qui met l'enfant en contact avec l'univers scolaire. En fonction de l'origine du problème (et du type d'anxiété qui génère le trouble), la thérapie visera le développement de compétences sociales, la dédramatisation de l'échec, l'acceptation de la séparation. Le thérapeute vous apprendra à soutenir les progrès et à gérer le stress qu'engendrent pour vous les difficultés de votre enfant.

Les troubles du comportement

A l'heure actuelle, les thérapeutes se retrouvent confrontés à un nombre croissant de troubles du comportement chez l'enfant. Par cela, nous entendons des conduites telles que les abus de substances toxiques (prise de drogues et d'alcool), les troubles de la conduite alimentaire (l'anorexie, la boulimie, le grignotage excessif), l'agressivité extra et intra-familiale (l'enfant bat ses parents, le plus souvent sa mère, ou tabasse violemment ses copains) et les troubles de l'attention ou l'hyperactivité (l'enfant ne tient pas en place).

Ces problèmes ne sont pas, à proprement parler, des troubles anxieux. Si nous avons pris la décision de leur consacrer quelques pages, c'est pour deux raisons : premièrement, de plus en plus de parents y sont confrontés ; deuxièmement, il existe une grande co-morbidité (présence de deux troubles) entre l'anxiété et les troubles du comportement. Les enfants agressifs ou hyperactifs ne sont pas forcément anxieux, mais un nombre suffisant l'est pour que l'on en parle dans un ouvrage consacré à l'anxiété.

L'abus de substances toxiques

En France, il n'existe aucune étude épidémiologique portant sur l'usage des toxiques chez les jeunes. En revanche, Johnston et O'Maley, aux USA (1986), ont mené une enquête sur la consommation de drogues chez les lycéens. Les résultats montrent que 41 % d'entre eux en consomment. En réponse à la question « pourquoi prenez-vous de la drogue ? », la majorité répond « pour se relaxer » ou « pour apaiser des tensions ». En l'absence de statistiques françaises, on ne peut qu'extrapoler, très prudemment, à partir des données américaines. S'il est vrai que nous ne savons pas avec certitude le nombre de jeunes concernés en France et que nous ne connaissons guère plus leur motivation en matière de consommation, il n'en demeure pas moins que la drogue est un véritable fléau en France. Par ailleurs, nous pouvons supposer que certains jeunes Français qui consomment de la drogue sont, comme leurs homologues américains, à la recherche d'apaisement. Vraisemblablement, certaines drogues, peut-être les plus douces, servent à des fins de gestion des stress.

Les adultes et les substances toxiques

Nous ignorons avec précision le nombre de jeunes qui consomment de la drogue. Par contre, nous connaissons le nombre d'adultes dont la consommation est excessive, et ceux qui consomment régulièrement des tranquillisants. Si les tranquillisants ne sont pas des toxiques, il n'en demeure pas moins que la France détient le palmarès avec le taux de consommation le plus élevé du monde. Cela est d'autant plus préoccupant que la durée du traitement est longue, dépassant largement les six à huit semaines préconisées par les psychiatres spécialisés dans la prise en charge des troubles anxieux. Quant à l'alcool, dont les abus entraînent chaque année d'importants accidents du travail et de la route, les Français représentent les premiers consommateurs européens. Au vu de ces résultats, et compte tenu de l'effet du modelage (l'apprentissage par initiation), nous pensons que les jeunes Français, en toute probabilité, consomment autant de substances toxiques que leurs homologues américains.

Problème de société ou trouble anxieux ?

La consommation de drogues et d'alcool ne se résume pas à une pathologie individuelle, et guère moins à un simple trouble anxieux. C'est avant tout un problème de société. Cependant, qui dit société dit stress et anxiété (nous aborderons cette question au cours du chapitre 5). Alors que la consommation de substances toxiques correspond, pour certains, à une recherche de sensations fortes — et en cela elle s'apparente à des conduites typiquement adolescentes, mais tout aussi dangereuses — pour d'autres, elle représente un moyen de fuir des angoisses personnelles et/ou sociales. Pour un troisième groupe, peut-être, cette appétence constitue une recherche de détente en réponse à un stress important, voire à une anxiété importante, elle aussi.

La prévention avant tout

Comment faire pour éviter que votre enfant touche à la drogue et à l'alcool ? Commencez par veiller à votre propre conduite. Les parents sont des modèles pour leurs enfants, qui calquent leurs comportements sur ceux de leurs parents. Si vous ne voulez pas que votre enfant devienne dépendant de substances toxiques, évitez de l'être vous-même. Videz l'armoire à pharmacie de vos tranquillisants et de vos somnifères, et réduisez votre consommation d'alcool, de café, de tabac. Pour gérer votre stress, pratiquez, vous-même, des méthodes de détente saines : la relaxation, le sport à la place du whisky et du Ricard après une longue journée de travail.

Soyez à l'écoute de votre enfant. Prenez le temps de lui parler ; évitez les interrogatoires, mais essayez de mieux connaître sa vie scolaire, ses amis. N'ayez pas peur de parler de la drogue et de l'alcool. Les envies de consommation ne sont pas exacerbées par le fait d'en parler. Au contraire, une communication ouverte et libre sur le sujet peut enlever le désir de transgresser qui sous-tend, en partie, la consommation.

Parfois, les adolescents touchent à la drogue pour faire comme les autres, de peur d'être différents. Parlez de votre adolescence et de vos expériences, de la peur de dire non, du besoin d'appartenir à un groupe. Essayez de faire comprendre qu'on peut dire non et être aimé, valorisé, accepté. Veillez à ce que vos enfants aient des activités de détente et des loisirs qui permettent de décompresser sans avoir recours à des moyens chimiques. En matière d'abus de substances, la prévention est la meilleure arme.

Quand faut-il consulter ?

Si vous soupçonnez votre enfant de consommer des substances toxiques : alcool, tranquillisants, haschich, cocaïne, commencez par lui en parler. S'il nie avoir un problème, mais si ses comportements demeurent bizarres, prenez conseil auprès de votre médecin pour apprendre à mieux connaître les signes de la prise de toxiques. Demandez-lui de vous diriger vers un service hospitalier de pédo-psychiatrie où vous puissiez bénéficier d'une prise en charge pluridisciplinaire. La gravité et la complexité de ce problème sont telles qu'une prise en charge à la fois médicale et psychologique est indispensable.

Ce qu'il faut faire et ne pas faire

Evitez de vous mettre en colère ou de vous culpabiliser. L'important, c'est d'agir. Pour ce faire, il faut rester aussi calme que possible. Une prise en charge, pour être efficace, doit se faire à temps. Si vous repoussez la consultation, par honte ou par peur, vous mettez en danger l'avenir de votre enfant. Une coopération entre vous et le thérapeute s'impose. Faites-lui confiance, répondez aux questions qu'il vous pose. Mettez en pratique ses conseils et cherchez un soutien auprès d'associations pour familles, cela peut vous soulager et vous apprendre à mieux gérer ce problème.

L'hyperactivité

L'hyperactivité et l'inattention, troubles fréquents et bien connus, sont handicapants. Plus fréquents chez les garçons que chez les filles, ces troubles sont responsables de nombreux échecs scolaires. L'enfant qui en souffre a une très grande difficulté à fixer son attention sur une tâche et à l'achever. Il passe d'un objet à un autre, bougeant sans cesse, capable de déranger une classe entière. Souvent, il dort très peu : se couche tard et se lève tôt. Il est d'une énergie débordante, mais incanalisable. Rester en place est, pour lui, un supplice, de même que suivre une activité scolaire ou sportive. Par conséquent, l'enfant hyperactif se trouve souvent isolé de la classe.

Le cas d'Alexandre

Alexandre, neuf ans, vient en consultation, accompagné de sa mère qui se plaint de ne plus pouvoir le supporter. A la maison, dit-elle, il n'écoute jamais, ne vient jamais à table quand il est appelé, n'écoute jamais ce qu'on lui dit. Il ne s'oppose pas ouvertement à ses parents, mais agit comme s'il n'entendait pas. Le coucher est un calvaire tous les soirs. Les parents souhaitent que leurs enfants (il y a deux sœurs et un autre frère) soient au lit à neuf heures, qu'ils lisent une demi-heure et éteignent la lumière une demi-heure plus tard. Alexandre éteint, mais ne dort jamais avant minuit. Il chante, il bouge, il trouve toujours quelque chose pour jouer. Le matin, à six heures à peine, il est debout, fait du bruit, ce qui finit par réveiller toute la famille et créer des disputes entre frères et sœurs.

A l'école, les professeurs se plaignent d'Alexandre depuis toujours, le dépeignent comme instable, turbulent, mais en même temps gentil et charmant. Il n'est pas agressif ni opposant, mais « ailleurs », disent-ils. Il part sur une idée et se lève pour faire autre chose. Il dessine sur ses cahiers, joue constamment avec ses stylos, bouge ses jambes, place et replace ses papiers. « Une vraie pile électrique ».

Alexandre, pourtant très affable, n'a pas

d'amis. Il n'arrive pas à suivre un jeu et, de ce fait, les autres l'excluent de leurs activités. L'enfant souffre de son isolement, s'en plaint, ce qui pousse ses parents à consulter. En plus des difficultés à fixer son attention et à rester tranquille, Alexandre a du mal à contrôler le rythme de sa voix. Son discours est saccadé, ce qui, par moments, lui donne un air un peu maniéré. Il parle presque par à-coups et cela énerve ses professeurs et les enfants de son âge.

En consultation, Alexandre se montre souriant, coopératif, mais en mouvement perpétuel. Il répond à peine aux questions posées, n'arrive pas à terminer une épreuve de dessin, malgré des efforts colossaux. Son regard fuit dans tous les sens, il se lève, se tortille. On dirait que ses membres sont détachés du corps, qu'ils ont un fonctionnement indépendant de sa volonté et de son cerveau.

Les origines de l'hyperactivité

L'origine de ce trouble a fait couler beaucoup d'encre, provoquant des débats sanglants entre spécialistes de divers camps théoriques. Les chercheurs américains insistent sur le caractère biochimique de ce trouble, mettant en cause le rôle de la dopamine (un neurotransmetteur). Ils préconisent un traitement par amphétamines, médicaments qui, paradoxalement, semblent calmer l'hyperactivité alors qu'en l'absence de cette pathologie, ces substances provoquent plutôt un état d'hyperexcitation.

D'autres chercheurs mettent l'accent sur l'apport de l'environnement, voire des relations affectives. Dans l'état actuel de nos connaissances, il est impossible de répondre avec certitude à la question de la genèse de ce trouble. Il est probable qu'il résulte d'une interaction complexe entre la neuro-chimie et l'environnement. En revanche, il est certain qu'il motive un nombre important de consultations en pédopsychiatrie.

Hyperactivité et système scolaire

L'hyperactivité a des conséquences désastreuses sur les performances scolaires. Le système scolaire en France exige une attention soutenue de la part des enfants. Notre journée scolaire figure parmi les plus longues du monde et la place réservée aux activités sportives parmi les plus réduites. Cela signifie que même les enfants « normaux » ont peu l'occasion de bouger à l'école. Un enfant hyperactif se voit très vite catalogué comme turbulent et inadapté, car il ne parvient pas à se plier à la discipline de la vie scolaire. Il n'en demeure pas moins que beaucoup d'enfants, notamment les garçons, éprouvent de très grandes difficultés à rester en place le long de la journée. Il faut, donc, éviter de confondre comportement normal et système scolaire inadapté aux besoins de nos enfants.

Quand faut-il consulter ?

Si votre enfant est en mouvement constant, s'il n'est jamais capable de fixer son attention, même pour participer à un jeu, il y a des chances qu'il souffre d'un trouble de l'attention. S'il présente, également, une insomnie, cela est quasi certain. Un enfant hyperactif ne peut pas se contrôler. Il a besoin d'aide, que cela soit une aide thérapeutique ou médicamenteuse. Dans le doute, faites-le tester par un psychologue pour ne pas passer à côté d'un vrai trouble.

Ce qu'il faut faire et ne pas faire

N'exigez pas de votre enfant qu'il reste tranquille ; il n'y arrivera pas. Par contre, essayez de le guider dans ses activités, de l'encourager un maximum chaque fois qu'il arrive à fixer son attention sur un point précis. Soutenez-le, encouragez-le. Progressivement, augmentez la difficulté en lui demandant de fixer son attention de plus en plus longtemps sur une tâche.

Quant à la scolarisation, selon la gravité de son cas, un recours à un établissement spécialisé peut être indiqué. Si l'enfant reste dans le système scolaire habituel, il est conseillé de prendre rendez-vous auprès du directeur pour exposer le problème. Les enseignants doivent être mis au courant pour qu'ils ne prennent pas une véritable pathologie pour un manque de volonté de la part de l'enfant.

Les troubles de la conduite alimentaire :

L'anorexie, la boulimie, le grignotage

Les troubles de la conduite alimentaire ne sont pas à proprement parler des troubles anxieux, mais sont fréquemment associés à une anxiété.

La boulimie et l'anorexie sont des troubles graves, qui nécessitent une prise en charge médico-psychologique, en raison des troubles organiques qu'ils entraînent : pathologies gastro-intestinales, carences dentaires dues aux vomissements, retard de croissance.

L'anorexie et la boulimie : savoir les reconnaître

L'enfant anorexique se reconnaît à un refus alimentaire presque total. Il présente une sous-charge pondérale qu'il cache le plus souvent par des vêtements amples. Une hyperactivité légère n'est pas rare, ce qui donne l'illusion à l'entourage, pendant un certain temps, que l'enfant est normal. Un sur-investissement de l'école au détriment des activités sportives accompagne ce type de trouble, de même qu'une préoccupation excessive concernant le poids. L'image du corps est perturbée : l'enfant s'estime gros, alors qu'il est mincissime.

La boulimie, qui existe souvent conjointement avec l'anorexie, est caractérisée par des crises d'ingestion massive et rapide d'aliments (10 000 calories dans l'espace d'une demi-heure). Ces « bringues » sont suivies le plus souvent de vomissements ou de prise de laxatifs, ce qui fait que la boulimie n'entraîne pas, la plupart du temps, une surcharge pondérale.

Les causes

Plusieurs hypothèses peuvent être avancées pour expliquer ces troubles : des difficultés relationnelles, l'anxiété sociale, un dérèglement bio-chimique, un rejet du corps et, chez les adolescentes, de la sexualité. A vrai dire, nous ne sommes pas en mesure de fournir une réponse simple et définitive concernant les origines du trouble. Quant aux liens entre l'anxiété et les troubles de la conduite alimentaire, nous ne pouvons pas non plus apporter de réponse.

Quand faut-il consulter ?

Un petit poids n'est pas forcément signe d'anorexie. Néanmoins, mieux vaut consulter votre médecin si votre enfant mange peu et grossit peu : il saura déterminer si oui ou non, la taille de l'enfant est normale. En cas de diagnostic de trouble alimentaire, il faut consulter dans un service hospitalier pour pouvoir bénéficier d'une prise en charge pluri-disciplinaire. Une hospitalisation n'est pas à exclure en réponse à ce problème.

Ce qu'il faut faire et ne pas faire

En France, l'alimentation joue un rôle important. La cuisine française bénéficie d'une réputation internationale dont nous sommes fiers. Ne pas manger, voire manger peu, est pour certains suspect. Quant aux enfants, les parents du monde entier valorisent l'appétit de leur progéniture : un bon bébé est celui ou celle qui finit ses biberons, qui mange toute sa purée. Ainsi, le refus alimentaire, voire un intérêt limité pour la cuisine, peut facilement constituer l'objet de conflits familiaux. Par conséquent, lorsqu'un enfant refuse de manger, il vaut mieux le laisser faire pour les éviter. Surtout, n'insistez pas pour qu'il finisse son assiette. Ce faisant, vous risquez de renforcer le refus alimentaire et d'entretenir l'anorexie naissante ou chronique. Faites en sorte que les repas soient des moments d'échanges et de détente. Evitez qu'ils se transforment en champs de bataille ou de gavage. L'équipe médico-psychologique se chargera d'imposer un régime à l'anorexique. La famille, pour sa part, doit rester neutre, favorisant de manière indirecte un goût pour la nourriture.

Le grignotage et la surcharge pondérale

Le grignotage, et son corollaire la surcharge pondérale, fréquents aux Etats-Unis, commencent à apparaître en France. Alors que l'anorexie et la boulimie font souvent l'objet d'une consultation, en raison de leurs effets pathologiques évidents, la surcharge pondérale est mieux tolérée par les familles et sa gravité sous-estimée. Par ailleurs, les parents, voire le médecin traitant, ignorent parfois la dimension psychologique de ce trouble, ne s'attardant que devant les aspects purement nutritionnels. Or, le grignotage, tant chez l'enfant que chez l'adulte, témoigne d'une souffrance psychologique.

Le cas de Matthieu

Cet adolescent de quatorze ans vient en consultation, accompagné de sa mère. Il s'agit d'un garçon intelligent, vif, dont le contact est bon, au premier abord. L'enfant répond lui-même aux questions posées, témoignant même de l'humour. Tant que le sujet poids n'est pas abordé, il donne l'impression d'être parfaitement à l'aise. En revanche, lorsqu'on touche au problème d'une surcharge pondérale importante (15 kilos), Matthieu baisse les yeux, gigote sur sa chaise. Le sourire s'efface de sa figure.

La mère raconte l'histoire du problème. A onze ans, au moment du passage en 6ᵉ, Matthieu a commencé à grignoter entre les repas. Dans un premier temps, son goûter est devenu particulièrement copieux, suivi de grignotages le soir après le repas, avant le coucher. A peine levé de table, Matthieu, qui n'avait pas mangé plus que la normale, revenait chercher des restes de gâteaux, des yaourts aux fruits, du pain et de la confiture. Tout d'abord, les parents, pensant que l'enfant, en grandissant, avait besoin de manger plus, n'ont rien dit. Après, ils se sont dit que l'effort supplémentaire exigé au lycée pouvait aussi expliquer ces fringales. Ils n'ont toujours pas réagi, laissant Matthieu se comporter à sa guise.

Au bout de quelques mois, Matthieu avait grossi de 4 kilos. N'étant ni sportif ni grand, il a très vite pris du poids. Au début, cela ne se voyait pas trop. Mais le jour est arrivé où il a fallu commencer à changer les vêtements, car plus rien ne lui allait. Toutefois, les parents n'ont toujours rien dit, pensant qu'à la puberté, le problème se résoudrait de lui-même.

Six mois plus tard, l'enfant a commencé à présenter de vrais bourrelets. A l'arrivée de l'été, Matthieu a trouvé tous les prétextes pour ne pas partir en colonie au bord de la mer. Au mois d'août, à la mer avec ses parents, il n'a pas osé enlever son tee-shirt, de peur d'attraper un coup de soleil, disait-il. Empâté dans ses vêtements, il ne s'activait pas, mais s'absentait souvent. Ce n'est qu'au retour des vacances, au vu de la balance et des kilos supplémentaires, que les parents ont compris où partait l'enfant durant ses absences : il allait s'acheter des glaces et des confiseries tandis qu'ils se baignaient.

A la rentrée, les parents ont finalement pris le taureau par les cornes, imposant un régime draconien à toute la famille : bannis les gâteaux et les jus de fruits ; interdits les fromages, les yaourts sucrés. Ne passaient la porte d'entrée que le poisson, la viande blanche, les légumes bouillis. A table, Matthieu mangeait peu. Pourtant, il continuait à grossir. Il ne pratiquait toujours aucun sport. Cette prise de poids supplémentaire s'est accompagnée d'un repli sur soi-même, Matthieu s'enfermait dans sa chambre soir et week-end pour se consacrer à ses devoirs. Excellent élève, l'investissement scolaire semblait s'accroître autant que la surcharge pondérale.

Malgré les tentatives des parents, les colères du père, finalement excédé au vu de la transformation du fils en bonhomme Michelin, l'enfant a continué à grossir. Ce qu'il ne mangeait pas à la maison, il le mangeait vraisemblablement en dehors, l'achetant avec son argent de poche pendant les heures de travail des parents.

Le médecin traitant a suggéré maints régimes. Cependant, à aucun moment il n'a pensé à la nécessité d'une psychothérapie, peut-être en raison des performances scolaires qui sont restées excellentes. Au bout de trois ans, les parents, exaspérés, ont décidé de consulter un psychologue.

Lors de l'entretien, l'enfant finit par faire part d'une anxiété de performance. Matthieu a un an d'avance pour avoir sauté le CM2. Arrivé en sixième, il s'est retrouvé avec une charge de travail importante, sans aucun copain de classe. Malgré un important investissement pour l'école, pour la première fois il s'est trouvé face à un échec possible. La charge de travail, dit-il, fut monstrueuse. Il avait très peur de ne pas être à la hauteur et de ce fait, de décevoir les parents qui se faisaient un honneur de la réussite scolaire de leur aîné. Les grignotages, explique-t-il, lui ont permis, dans un premier temps, de calmer son anxiété. Une fois le ventre bien rempli, il avait l'impression de pouvoir mieux travailler. Mais peu à peu, l'anxiété revenait, alors il se remettait à manger pour la faire reculer.

Matthieu n'est pas boulimique. Il a une appétence pour le sucré, qu'il consomme en quantités importantes. Il mange trop, c'est tout. Quant à son inactivité sportive, l'enfant s'est toujours trouvé un peu gauche, réussissant mieux en classe qu'en cours d'éducation sportive. Se trouvant le petit dernier de sa classe, il s'est rapidement senti mal à l'aise, ce qui a renforcé son dégoût des activités sportives.

Suite à l'entretien, la psychologue explique aux parents et à Matthieu l'origine anxieuse de la surcharge pondérale. Matthieu, bon élève et perfectionniste, n'a pas su gérer son année d'avance. La suralimentation, au début, lui a servi d'échappatoire à son anxiété de performance. Aujourd'hui, brillant élève, ayant su maîtriser l'anxiété scolaire, Matthieu se retrouve obèse, mais pas anxieux.

Quand faut-il consulter ?

Le grignotage doit être pris au sérieux. Cela sous-entend qu'une prise en charge rapide, voire précoce, est la plus efficace. Si votre enfant présente une surcharge pondérale, prenez conseil auprès de votre médecin ou votre pédiatre pour vous aider à modifier les habitudes alimentaires de l'enfant et de la famille. Toutefois, s'il montre, associé à ces conduites alimentaires, des signes d'anxiété, il convient d'envisager aussi une prise en charge psychothérapique. Le grignotage peut être la simple conséquence d'une alimentation mal équilibrée, auquel cas il suffit de modifier les habitudes pour traiter le problème. Cependant, il peut constituer une échappatoire à l'anxiété ; dans ce cas-là, une psychothérapie, associée à un régime, donnerait les résultats escomptés. Ne tardez pas à consulter pour des problèmes de poids. Un enfant obèse risque de le rester toute sa vie.

Ce qu'il faut faire et ne pas faire

Les parents de Matthieu n'ont pas su réagir rapidement aux problèmes de leur fils. Evitez ce piège. Par ailleurs, leur attitude a basculé entre l'indulgence excessive et la colère, voire l'exaspération. Il vaut mieux, face aux problèmes alimentaires de vos enfants, rester d'une humeur égale et éviter les attitudes extrêmes. Comme toujours, il faut parler, expliquer à l'enfant les risques d'une surcharge pondérale. On doit l'écouter, afin de comprendre ce qui sous-tend son comportement : anxiété ou « gourmandise ». Essayez de le mettre en garde contre les méfaits de la surcharge pondérale.

Veillez à ce qu'il mange bien à table. Ne le privez pas de matières grasses ou de sucre, mais essayez de faire en sorte que sa consommation se fasse aux heures des repas et, bien sûr, qu'elle soit raisonnable. Si votre enfant n'est pas un grand sportif, ne le forcez pas à faire partie d'un club, mais entreprenez avec lui des activités dans un climat de détente et surtout en évitant la compétition. S'il est maladroit, ne vous moquez pas de lui. Laissez-lui trouver le plaisir de bouger, de se fatiguer, et renforcez tous les efforts faits dans ce sens. S'il est important de prendre au sérieux son problème, on doit éviter de le renforcer.

Le devenir des enfants anxieux

Au cours de ce chapitre, nous avons présenté rapidement les troubles anxieux de l'enfant et de l'adolescent, ainsi que les troubles du comportement qui s'apparentent aux troubles anxieux. Parmi ces derniers, nous avons présenté les abus de substances toxiques, les troubles de la conduite alimentaire et les troubles de l'hyperactivité, car tous font l'objet de nombreuses consultations.

S'il y a un message à retenir de ce chapitre, c'est le suivant : avant tout, apprenez à écouter votre enfant et à dialoguer avec lui. L'échange, la communication sont des outils thérapeutiques et vous feront faire l'économie d'un grand nombre de consultations, surtout si votre enfant ne présente qu'un tout petit problème. Soyez attentif, ouvert, sans tomber dans l'excès des interrogatoires policiers. Essayez de vous intéresser à sa vie, de parler de la vôtre afin de créer un climat où tout peut se dire. Si toutefois, malgré une communication familiale de bonne qualité, votre enfant se trouve confronté à une difficulté qui dépasse votre compétence et votre capacité à répondre, la prise en charge s'impose, elle sera d'autant plus efficace. Une séance de psychothérapie ne dure qu'une petite heure par semaine ; le reste du temps, les parents, voire la famille entière, jouent le rôle de co-thérapeute. Leur aide est indispensable.

Autre point essentiel : apprenez à renforcer positivement votre enfant. Soyez attentif à ses efforts (et pas uniquement à ses réussites) ; récompensez-les. Soutenez-le verbalement et affectivement. N'ayez pas peur de montrer votre affection ; n'attendez pas son anniversaire ou la fin du trimestre pour lui dire que vous l'aimez et que vous êtes fier de lui. N'ayez pas peur de le gâter. Un enfant qui se sent étayé par ses parents sera mieux armé contre les troubles anxieux ou plus à même de les surmonter.

Troisième point : n'oubliez pas que vous êtes un modèle sur lequel votre enfant calque ses comportements. Si vous ne voulez pas qu'il soit anxieux, apprenez vous-même à vous relaxer, à pratiquer un sport, à réfléchir avant de réagir. Les troubles anxieux des enfants ne sont pas totalement imputables aux parents, certes. Si votre enfant en présente, ce n'est pas de votre faute. Une telle attitude consisterait à nier l'apport de la biologie en matière d'anxiété. Cependant, l'environnement contribue, également, à la genèse de l'anxiété. Nous pensons, quant à nous, que l'ambiance familiale, loin d'être la cause unique de l'anxiété chez l'enfant, peut, en partie, favoriser l'apparition des troubles. De par leur patrimoine génétique, certains individus présentent un terrain fertile pour l'anxiété. De par leurs comportements, certaines familles « arrosent » ce terrain, lui permettant de la faire pousser.

En dernier lieu, si votre enfant doit, un jour, suivre une psychothérapie, efforcez-vous de coopérer avec son thérapeute. Faites-lui confiance. N'ayez pas honte de tout dire. Les parents ont un rôle de co-thérapeutes à jouer, un rôle qui n'est pas facile, mais qui est indispensable : mettez tout en œuvre pour le jouer. Essayez de prendre contact avec des groupes de soutien formés de parents dont les enfants présentent les mêmes problèmes. Vous aurez vous-même des moments difficiles à passer. Ne vous privez pas de soutien, non plus.

Que deviennent les enfants anxieux ? Seront-ils des adultes anxieux quelques années plus tard ? La réponse à cette question est complexe. En réalité, un tiers des troubles anxieux disparaissent d'eux-mêmes, sans intervention psychothérapique. Un deuxième tiers persiste jusqu'à l'âge adulte, ce qui est, notamment, le cas du TOC. Le dernier tiers évolue, ce trouble se transformant en un autre ; un enfant paniqueur devient un adulte déprimé, par exemple. Il n'y a pas, d'après nos connaissances actuelles, d'équation simple entre un trouble anxieux de l'enfance et une pathologie adulte ultérieure. Il semblerait qu'un ensemble de facteurs entrent en jeu : la personnalité, l'histoire personnelle, les événements de la vie, le terrain biologique. Il n'existe aucun déterminisme simple.

Cela dit, si votre enfant est anxieux, il faut le faire soigner, car il souffre. Pensez à sa souffrance d'aujourd'hui et non pas à son devenir. Il peut très bien, et sans difficulté, devenir un adulte tout à fait normal, même en l'absence de traitement ; mais il aura des moments difficiles à passer. Rassurez-vous : nous n'avons pas la certitude que l'enfant anxieux se transformera en adulte anxieux. Soignons nos enfants en tant qu'enfants, et non pas en tant qu'adultes potentiellement anxieux.

Chapitre 5

LES SOLUTIONS A VOTRE DISPOSITION

A l'heure actuelle, il existe de nombreux traitements de l'anxiété, tant médicamenteux que psychothérapiques. Nous en donnerons quelques exemples et présenterons les avantages et les inconvénients de chacun.

Les tranquillisants

En France, les tranquillisants demeurent le traitement préférentiel de l'anxiété. Parmi les plus connus et les plus prescrits, citons le Témesta, le Tranxène, le Lexomil, le Xanax et le Valium. Ces médicaments réduisent la tension physique et psychique caractéristiques de l'anxiété. Peu après la prise, généralement au bout d'une dizaine de minutes, le sujet se sent apaisé intérieurement. Sa fébrilité s'estompe, il retrouve une détente musculaire, accompagnée d'une impression générale de relâchement. Il existe des effets secondaires : ces médicaments, surtout en début de traitement, entraînent une somnolence. Les bâillements et les « coups de barre » sont fréquents. Toute consommation d'alcool est fortement déconseillée lorsque l'on en prend, car l'alcool majore leurs effets.

Les tranquillisants peuvent représenter un moyen efficace de régler un trouble anxieux. Cette stratégie thérapeutique doit faire l'objet d'une discussion entre le patient et son médecin, généraliste, si celui-ci connaît bien les troubles anxieux, ou psychiatre. Un tel traitement présente des inconvénients dont il va être question ; il faut en être avisé. Il ne doit jamais faire l'objet d'une auto-médication : autrement dit, on ne doit jamais prendre des tranquillisants sans avis médical, même lorsque, énervé, on en trouve dans l'armoire à pharmacie. Pour être efficace, il faut qu'un traitement par tranquillisants s'inscrive dans une véritable stratégie thérapeutique et que la durée du traitement soit définie dès le départ.

Les inconvénients

Quels sont les inconvénients d'un traitement par tranquillisants ? Il en existe de deux sortes : premièrement, des inconvénients physiologiques : les pertes de mémoire, la somnolence et les difficultés de sevrage (arrêt du traitement) ; deuxièmement, des inconvénients psychologiques : la dépendance, qui se traduit par la croyance dans l'efficacité quasi-magique du traitement.

Abordons les problèmes physiques et physiologiques, notamment les pertes de mémoire. Les tranquillisants les plus prescrits sont les benzodiazépines : en début de traitement surtout, ces médicaments peuvent entraîner des perturbations dans la capacité à mémoriser des informations nouvelles. Autrement dit, sous tranquillisants, le sujet n'oublie pas tout ce qu'il a appris dans sa vie, mais il peut avoir des difficultés à apprendre des informations nouvelles et à s'en souvenir. Il se rappellera toujours de son âge et de son numéro de téléphone, mais il se souviendra avec difficulté d'une réunion fixée la semaine précédente ou d'un dossier rédigé une quinzaine de jours auparavant. Cela est gênant, certes. Mais d'autre part, l'anxiété peut également perturber la mémoire, la concentration et l'attention. Parfois, le choix se fait entre le marteau et l'enclume. Lorsque la souffrance due à l'anxiété est vraiment importante, il vaut mieux choisir un traitement médicamenteux, en prenant des précautions dont il sera question ultérieurement.

Les benzodiazépines entraînent également de la somnolence, effet qui est, parfois, celui recherché, les benzodiazépines étant souvent prescrites contre les insomnies de toutes sortes : troubles de l'endormissement, ou nuits courtes avec réveils matinaux précoces. Leur action myo-relaxante (qui relaxe les muscles) et hypnotique permet au sujet de trouver le sommeil plus rapidement, d'une part, et de prolonger ses nuits, d'autre part. La somnolence, lorsqu'elle est recherchée, n'est pas problématique en soi. L'envie de dormir, quand elle survient le soir, est normale. En revanche, les coups de barre dans la journée pouvant résulter d'un traitement par tranquillisants, sont gênants.

Une fois de plus, le choix se fait entre un traitement susceptible de favoriser une hypersomnie diurne, et une insomnie qui, elle aussi, favorise une hypersomnie diurne. Pourquoi préférer une fatigue plutôt qu'une autre ? Ce choix est moins perfide qu'il ne paraît : un tranquillisant, bien dosé et dont la prescription est limitée dans le temps, permet de restaurer un sommeil de qualité et d'éviter des somnolences trop importantes. La durée optimale d'un traitement par benzodiazépines est de six à huit semaines. Le respect de cette durée brève permet d'éviter les effets néfastes de somnolence.

Dernier inconvénient physiologique des benzodiazépines : le sevrage. De quoi s'agit-il ? Lorsque l'on arrête brutalement les benzodiazépines, on assiste à un rebond important de l'anxiété, voire même à de véritables manifestations de panique. Ces effets sont très désagréables. Par conséquent, certains sujets redoutent à tel point ces phénomènes qu'ils n'arrivent jamais à supprimer les benzodiazépines, y restant accrochés pendant de longues années.

En matière de sevrage, la première règle à suivre consiste à observer un sevrage progressif, accompagné d'un suivi psychothérapique. Il ne faut pas arrêter brutalement ces médicaments. On doit toujours préparer psychologiquement le patient aux risques d'une réapparition transitoire des symptômes anxieux.

Cependant, même lorsque le sevrage est progressif, certains sujets ont des difficultés majeures à en supporter les effets. Ces sujets hyperréactifs nous sont familiers pour en avoir vu un grand nombre en psychothérapie. Leur résistance au sevrage, voire à tout changement, est massive. Sachant qu'un traitement par tranquillisants doit être de courte durée, nous nous trouvons dans une situation délicate et pas toujours contournable.

Les distorsions cognitives

Les difficultés du sevrage sont majorées par un traitement de longue durée, d'une part, mais aussi par des distorsions cognitives concernant les tranquillisants. Par distorsions cognitives, nous entendons des idées erronées quant à l'usage et à l'efficacité, voire la nature bénigne, de tels produits. Dans une publication récente de l'INSEE, (Données Sociales, 1993), le portrait du Français, consommateur de soins médicaux, n'est guère flatteur : il s'agit « de personnes peu informées et peu critiques à l'égard du savoir médical ». Ces consommateurs peu critiques et peu informés sont souvent ceux qui ont une représentation totalement fausse des tranquillisants ; nous l'illustrons par le cas de Monsieur G.

Le cas de Monsieur G.

Monsieur G. se présente en consultation pour une aide au sevrage des benzodiazépines. Consommateur de deux tranquillisants à doses importantes (ce qui est déjà, en soi, une aberration) depuis douze ans, Monsieur G., pour des raisons mystérieuses, décide un jour de « s'en débarrasser ». Avec un psychiatre, il convient d'un programme de sevrage progressif étalé sur plusieurs semaines. M. G. s'adresse à nous pour apprendre des techniques cognitives et corporelles qui l'aideront à mieux gérer le sevrage.

Lors d'un premier entretien, nous nous apercevons d'une forte motivation de changement, motivation aussi forte que les idées de M. G. concernant ces molécules sont erronées. En fait, dans son esprit, il y a quasi-confusion entre amphétamines et tranquillisants : ce monsieur est persuadé que les anxiolytiques exercent un effet dynamisant sur ses capacités intellectuelles et conceptuelles. Il est tout étonné d'apprendre que, au contraire, ces médicaments sont dépourvus d'effets psycho-stimulants. Il apparaît clairement que M. G. souffre d'une anxiété sociale qui l'amène à sous-estimer ses capacités de dirigeant. Mais il confond l'effet désinhibiteur des benzodiazépines avec un quelconque effet stimulant. Compte tenu de cette représentation erronée de ces médicaments, notre étonnement, face à une volonté de sevrage si importante, fut colossal. Il n'en demeure pas moins que M. G. s'est sevré au bout de trois mois de traitement. Il a repris confiance en lui-même, remplaçant les médicaments par la relaxation et le sport, activités qui ont, elles, un réel effet dynamisant et inhibiteur.

Une autre idée fausse qu'ont souvent les patients concerne la « force » des benzodiazépines. Nous entendons dire : « je prends ce médicament depuis très longtemps, mais il n'est pas fort ». Cette croyance, fondée sur la méconnaissance de la pharmacologie, mérite d'être combattue. Les tranquillisants sont des médicaments ; la prise d'un médicament, quel qu'il soit, n'est jamais un acte banal. Les psychotropes, y compris les tranquillisants, agissent sur le système nerveux. Il n'y a donc pas lieu de banaliser ce type de traitement. Le café peut être fort ou léger ; un traitement, lui, est adapté ou ne l'est pas. Il sera souhaitable que les médecins communiquent à leurs patients quelques informations de base concernant le traitement qu'ils prennent. Notre expérience nous montre qu'un patient bien informé adhère mieux à son traitement, sans pour autant en devenir dépendant...

Notre objectif n'est pas d'ouvrir une campagne pour ou contre les tranquillisants. Nous n'avons pas la compétence pour le faire, n'étant pas médecins. Nous ne revendiquons pas, comme le font certains psychologues américains, le droit de prescrire les tranquillisants. Chacun a ses méthodes et nous respectons les méthodes de chacun. Il n'en demeure pas moins que nous avons souvent affaire à des patients qui ont des idées fausses sur les médicaments qu'ils prennent. Cette méconnaissance contribue, dans certains cas, à un abus des traitements et, dans d'autres cas, à une prise non réfléchie et pas optimale. C'est le rôle du médecin d'informer le patient sur les médicaments qu'il prescrit, au même titre que le psychologue doit présenter la psychothérapie, pour permettre au patient d'en tirer un bénéfice maximal.

La dépendance psychologique

La prise de tranquillisants peut générer une dépendance psychologique. A partir du moment où un sujet dépend d'un traitement pour pouvoir se détendre, il court le risque de se contenter exclusivement de cette méthode, lui attribuant des pouvoirs quasi-magiques, seule capable de lui procurer une détente et un allègement de sa souffrance. Dans ce cas, le patient exclut tout autre traitement ou toute thérapie complémentaire, se contentant de prendre son médicament.

Cependant, il y a là deux inconvénients inhérents à cette attitude :

— Le patient n'apprend pas à gérer son anxiété, voire pire, il reste convaincu que son anxiété est ingérable. Cette idée est à la fois fausse et pernicieuse. Fausse car les techniques de relaxation, l'aménagement de l'hygiène de vie, la restructuration cognitive (thérapie qui consiste à apprendre au sujet à penser différemment) se sont avérés efficaces dans la gestion de l'anxiété et du stress. Pernicieuse car cette attitude renforce une position d'impuissance et de dépendance totale : dépendance du médicament et dépendance du praticien. « Je suis comme ça docteur et moi, je ne peux rien faire, vous et votre médicament êtes tout puissants. »

Un traitement par tranquillisant est parfois indispensable. Lorsque la souffrance due à l'anxiété est très forte, il faut, dans un premier temps, pouvoir alléger ses symptômes pour permettre au patient, dans un deuxième temps, d'apprendre à gérer ses problèmes. Parfois, le sujet se trouve dans un état d'anxiété tel qu'il est inconcevable de faire entendre les mots gestion ou changement. Dans d'autres cas, il peut arriver que le patient ne souhaite pas entreprendre une thérapie, si courte qu'elle soit. Il est aussi important de respecter les désirs des patients.

Malgré cela, une explication des avantages et des inconvénients est toujours souhaitable, permettant au patient de mieux choisir sa stratégie thérapeutique. La simple prescription sans explication, sans écoute, sans conseil, favorise la dépendance due aux représentations et aux idées fausses.

Les anti-dépresseurs

Habituellement prescrits pour la dépression, les anti-dépresseurs, lorsqu'ils sont pris à faible dose, exercent un effet anxiolytique (réduisent l'anxiété). Leur efficacité a été démontrée, à cet égard, notamment dans le traitement du trouble panique, de la phobie sociale et du TOC.

Les avantages

Les anti-dépresseurs offrent de nombreux avantages dans le traitement de l'anxiété :

— Ils ont fait preuve d'une grande efficacité, agissant sur des neuro-médiateurs (la sérotonine, par exemple) qui génèrent l'anxiété.

— Ils ne provoquent pas de dépendance physique. Leur arrêt doit être progressif, mais ne s'accompagne pas de syndrôme de sevrage.

— Ils ne perturbent pas les fonctions cognitives, c'est-à-dire qu'ils n'entraînent pas de perte des capacités mnésiques.

— Un traitement par anti-dépresseurs est tout à fait compatible avec une psychothérapie (notamment, cognitivo-comportementale).

Un grand nombre de psychiatres, en France, préconisent cette stratégie médicamenteuse pour le traitement de l'anxiété.

Comme pour les tranquillisants, les patients attribuent, parfois, des pouvoirs quasi-magiques aux anti-dépresseurs. Cependant, la représentation sociale de ce type de médicaments diffère de celle des tranquillisants. Alors que les sujets pensent que les anxiolytiques ne sont pas « forts », ils pensent, au contraire, que les anti-dépresseurs le sont, ce qui les pousse à s'en détacher le plus rapidement possible. Autrement dit, les patients n'ont pas le même rapport avec les anti-dépresseurs qu'avec les tranquillisants, ce qui explique le peu de dépendance psychologique rencontrée.

Les inconvénients

Les inconvénients majeurs restent les effets secondaires qui, en ce qui concerne les anti-dépresseurs de la première génération, sont de taille. La liste comprend la bouche sèche, la constipation, de légers tremblements, la baisse de libido, la prise de poids.

Il existe, pourtant, une génération nouvelle d'anti-dépresseurs, les « inhibiteurs de la recapture de la sérotonine », dont le Prozac qui, par une action spécifique sur la sérotonine, permet d'éviter les effets secondaires, surtout lorsque le dosage se fait progressivement. Ces médicaments permettent de lutter contre les attaques de panique, les ruminations anxieuses, la tension psychique et musculaire. Pour certains sujets, le Prozac favoriserait même de véritables réaménagements de la personnalité (tout au moins, c'est ce que prétend un psychiatre américain dans un ouvrage : Listening to Prozac, dont il sera question au chapitre 5). Par ailleurs, la Moclamine, anti-dépresseur de la famille des IMAO, s'est avérée un traitement puissant de la phobie sociale. Les effets secondaires sont minimes ; en règle générale, la Moclamine est bien tolérée. Ce médicament permet à un nombre important de sujets de retrouver un tonus social.

Les anti-dépresseurs se sont avérés quasi-indispensables dans le traitement du TOC, tant chez l'adulte que chez l'enfant. Le Prozac, l'Anafranil et d'autres nouveaux anti-dépresseurs non encore commercialisés en France (la Sertaline et le Zorloft) à l'heure actuelle, constituent le traitement préférentiel du TOC. Les meilleurs résultats s'obtiennent en accompagnant le traitement médicamenteux d'une thérapie cognitivo-comportementale. L'association des deux apporte au patient une plus grande réussite et surtout un plus grand confort. Son anxiété, réduite par le traitement, il est plus à même d'adhérer à la thérapie. Par ailleurs, certaines formes du TOC, les obsessions pures, ne sont guère sensibles à la psychothérapie, alors que les anti-dépresseurs permettent d'obtenir de bons résultats.

La prescription des anti-dépresseurs

Ces médicaments doivent toujours faire l'objet d'une prescription par un médecin. Ils ne doivent pas être pris à la légère et ne doivent en aucun cas faire l'objet d'une auto-médication (tantôt j'en prends tantôt je n'en prends pas ; j'en prends quand je suis énervée ; j'augmente les doses, je les diminue, etc.). Leur prescription doit s'inscrire dans une stratégie thérapeutique bien claire. La durée du traitement est généralement longue (entre six mois et un an). Si l'on peut s'en passer pour soigner un trouble anxieux, ces médicaments constituent toutefois un puissant moyen pour obtenir une diminution importante de l'anxiété.

Psychothérapie ou anti-dépresseurs ?

Il n'y a pas de choix à faire entre une psychothérapie et un traitement par anti-dépresseurs. Tout dépend de la personne et de son trouble. Certains patients ne souhaitent pas entreprendre une psychothérapie, de quelque inspiration qu'elle soit. Il n'est pas question de leur en imposer une. Pour ces patients, les médicaments représentent un traitement adapté. Pour d'autres, les anti-dépresseurs peuvent accompagner une psychothérapie.

Les béta-bloquants

Les béta-bloquants sont des médicaments prescrits pour les maladies cardio-vasculaires : hypertension artérielle, angine de poitrine. Parfois, ils sont utilisés par les musiciens pour soigner l'anxiété de performance (le trac), car ils permettent de réduire considérablement les tremblements qui affligent souvent les musiciens anxieux.

Les béta-bloquants doivent toujours être prescrits par un médecin et pour une durée très limitée. Tout usage habituel est déconseillé. Hormis le traitement du trac, les béta-bloquants sont rarement prescrits pour les troubles anxieux. Cependant, du fait de leur action cardiovasculaire, ils peuvent être utiles pour diminuer les bouffées de chaleur et les rougissements rencontrés dans certaines phobies sociales et dans le cas de l'érotophobie (la peur de rougir en public).

Les psychothérapies

Nous nous contenterons de présenter les thérapies cognitivo-comportementales, psychothérapies qui se sont avérées efficaces dans le traitement de l'anxiété. Notre choix est motivé par deux raisons. Premièrement, nous pratiquons toutes les deux ce type de thérapie et notre expérience personnelle nous a confirmé leur efficacité. Par ailleurs, de nombreuses études internationales en ont témoigné également. En outre, il est évident que l'on décrit mieux ce qu'on pratique soi-même. En ce qui concerne l'apport de la psychanalyse ou de thérapies nouvelles (cri primal, bio-énergie, analyse transactionnelle), nous renvoyons le lecteur aux ouvrages portant sur ces pratiques.

Les thérapies cognitivo-comportementales

Issues de la psychologie expérimentale et des théories de l'apprentissage, les thérapies cognitivo-comportementales se caractérisent par l'intérêt porté sur l'ici et maintenant, d'une part, et par leur objectif : la modification des symptômes, d'autre part. L'intérêt pour le « pourquoi » des symptômes n'est pas fondamental. Le patient, à l'aide de son thérapeute, détermine les changements qu'il souhaite programmer. Le thérapeute, ingénieur du changement, le guide, lui fixant des tâches à accomplir entre les séances, tâches qui ont pour but de lui apprendre à penser et à se comporter de manière nouvelle.

La famille a un rôle capital à jouer dans les thérapies cognitivo-comportementales. En dehors des séances de thérapie, elle accompagne le changement, encourageant le patient à entreprendre des tâches de plus en plus difficiles. Son soutien est précieux pour faciliter les progrès.

Afin de permettre aux lecteurs de mieux comprendre la technique, nous tâcherons, dans les paragraphes qui suivent, de présenter dans les grandes lignes une prise en charge cognitivo-comportementale de quelques troubles anxieux. Nous commencerons par le trouble panique avec agoraphobie ; nous présenterons ensuite les techniques spécifiques de la prise en charge du trouble obsessionnel compulsif et nous terminerons par la thérapie de l'anxiété généralisée et celle de l'hypocondrie, sujet d'actualité. Nous nous limiterons à ces quatre exemples qui, à notre avis, suffisent pour donner au lecteur un bon aperçu de notre travail et de nos techniques.

Le trouble panique

Entretien préalable

Avant d'entreprendre la thérapie, le thérapeute effectue l'analyse fonctionnelle, description rigoureuse du trouble. L'analyse fonctionnelle comporte l'anamnèse : l'histoire et l'évolution du trouble, ainsi qu'une analyse de la situation actuelle : le nombre d'attaques de panique par jour ou par semaine, leur durée, les symptômes présents lors des attaques, les situations, les moments de la journée propices aux attaques. Le thérapeute note, également, ce que le sujet pense ou ce qu'il se dit au moment de ces attaques de panique. Il l'interroge sur son comportement avant, pendant et suivant l'attaque.

Une fois l'analyse fonctionnelle terminée (parfois elle s'étale sur deux séances), le thérapeute explique au patient le déroulement de la prise en charge et présente de manière détaillée les techniques qu'il compte utiliser.

Les techniques

Les thérapies cognitivo-comportementales sont fondées sur des techniques corporelles, cognitives et comportementales. Parmi les techniques dont il sera question par la suite, nous traiterons les techniques corporelles : le contrôle respiratoire et la relaxation, qui visent à donner au sujet une meilleure maîtrise de son corps et de ses émotions. Les techniques cognitives : la visualisation et la restructuration cognitive ont pour but de faciliter un changement d'idées et d'attitudes. Les techniques comportementales : l'exposition graduée et le contrôle de la panique ont pour but d'apprendre au sujet à affronter les situations qu'il évite et à supporter les symptômes physiques qu'il redoute. Toutes ces techniques font l'objet d'une présentation minutieuse de la part du thérapeute, pour permettre au patient de mieux comprendre sa prise en charge et de mieux y adhérer.

La première séance

L'hygiène de vie. Il peut paraître curieux de commencer une psychothérapie par l'examen de l'hygiène de vie du patient et par des conseils dans ce domaine. Or, il faut savoir que l'hygiène de vie affecte énormément la réponse de l'organisme aux stress. Pour être moins anxieux, il faut vivre sainement.

Lors de la première séance, le thérapeute cherche à connaître l'hygiène de vie de son patient paniqueur. Il interroge celui-ci sur ses habitudes alimentaires et sportives : saute-t-il des repas ? mange-t-il à toute vitesse ? Pratique-t-il un sport ? si oui, lequel ? A quel moment de la journée ? (il est préférable d'éviter la pratique d'un sport le soir, surtout celle des sports éprouvants comme le tennis, le handball, le squash). Le thérapeute cherche des informations concernant la consommation d'excitants, tels le tabac, l'alcool, le chocolat, le thé, le coca, et la quantité consommée. Les anxieux, du fait de leur extrême sensibilité à ces produits, doivent toujours veiller à ce que leur consommation reste minimale. Finalement, il importe de savoir comment dort le patient : a-t-il des difficultés à s'endormir ? Se réveille-t-il trop tôt ou plusieurs fois dans la nuit ? Dort-il assez ?

Toute thérapie (médicamenteuse ou psychologique) doit être précédée par des ajustements de l'hygiène de vie. Un trouble panique peut résulter d'une consommation excessive de café, de tabac, d'alcool (qui n'a d'effet anxiolytique qu'à petites doses). La fatigue, l'hypoglycémie (due aux repas sautés, par exemple), un train de vie trop sédentaire peuvent également favoriser un trouble panique. Il est donc indispensable de commencer la thérapie par une modification de l'hygiène de vie.

Le programme thérapeutique

Les objectifs. Une thérapie cognitivo-comportementale a pour but de permettre au sujet de changer. Il est donc nécessaire de fixer des objectifs de changement dès la première séance. Pour ce faire, le thérapeute demande au patient : « que voulez-vous pouvoir faire à la fin de cette thérapie ? ». Si le patient répond à la question par des phrases vagues : « je veux aller bien, guérir, être heureux », le thérapeute oblige son patient à opérationnaliser (à traduire en comportements) ces grands désirs flous et à les transformer en termes de « je veux pouvoir faire X ». En ce qui concerne une prise en charge pour un trouble panique, des objectifs possibles seraient : prendre le métro tout seul, faire les courses dans un supermarché mais en dehors des heures d'affluence, conduire sur l'autoroute.

Le thérapeute comportementaliste laisse au patient le choix des objectifs : il n'impose pas les siens, respectant les inhibitions du patient et son désir parfois de se limiter. En revanche, s'il estime que les objectifs sont peu réalisables, il le mettra en garde contre des objectifs trop ambitieux. On ne peut pas tout changer dans un laps de temps limité.

La remise du carnet : le monitoring

En fin de séance, le thérapeute remet au patient un carnet pour noter les moments d'anxiété : l'heure, la situation, le lieu, les symptômes et les pensées survenues au moment de la crise de panique. Ce carnet permettra au thérapeute de préparer le travail de restructuration cognitive qui sera entrepris à partir de la troisième séance. Cette technique a pour but de faire prendre conscience au sujet d'idées qui s'imposent à son esprit lors d'une attaque de panique. Ces idées, que nous appelons « pensées automatiques », favorisent et alimentent la spirale anxieuse (voir le chapitre 2).

Le calendrier des séances. Le thérapeute fixe un nombre limité de séances pour atteindre les objectifs décidés : le nombre varie le plus souvent entre dix et douze pour le trouble panique mais, si le trouble est ancien et le sujet particulièrement démuni face à son trouble, le nombre peut s'élever à quinze. Une thérapie cognitivo-comportementale est toujours de courte durée. Elle a pour but de régler un problème précis. Il n'est pas rare qu'un patient paniqueur souffre d'autres problèmes. Une fois le trouble panique guéri, il peut, s'il le souhaite, entreprendre une psychothérapie cognitive afin d'aborder ces autres difficultés. Cette prise en charge ultérieure, ne s'inscrivant pas dans le cadre strict d'une prise en charge pour trouble panique, ne sera pas décrite ici. Elle peut être plus longue, mais le principe d'objectifs clairs et de modifications de comportements et d'attitudes spécifiques est respecté.

La hiérarchie des situations anxiogènes. Pour clore la première session, le thérapeute et le patient établissent la hiérarchie des situations ou des activités redoutées (dans le cas d'un trouble panique avec agoraphobie, voir le chapitre 3 pour un petit rappel de la notion d'agoraphobie). Le patient liste de 1 à 10 les situations qu'il redoute ou qu'il évite : 1 correspond à une situation qui provoque une faible angoisse, 10 à la situation ou au lieu le pire pour lui, celui où il se sent prêt à mourir à tout moment.

Exemples d'une hiérarchie de situations anxiogènes :

1) *marcher dans la rue accompagné(e) par son conjoint(e) ;*
2) *marcher seul(e) dans la rue ;*
3) *prendre le bus accompagné(e) ;*
4) *prendre le bus seul(e) ;*
5) *prendre le métro pendant un trajet court et accompagné(e) ;*
6) *prendre le métro seul(e) ;*
7) *conduire sur le périphérique ;*
8) *conduire sur autoroute autour de Paris ;*
9) *prendre l'autoroute et s'éloigner au-delà de 100 km de Paris ;*
10) *prendre l'avion.*

Cette hiérarchie constitue le fil conducteur de la thérapie. Au cours des séances, le patient apprend des techniques pour contrôler son anxiété. Au fur et à mesure qu'il les apprend, il les met en pratique dans les situations redoutées. Cet apprentissage doit être progressif. Ainsi, le thérapeute s'arrange pour que les premières tâches (terme utilisé pour les exercices d'affrontement ou d'exposition : le sujet se rend dans la rue seul, par exemple) soient facilement réussies ; pour qu'elles ne soient ni trop difficiles ni trop anxiogènes pour le patient. La réussite sert de renforcement (d'encouragement) pour affronter des situations de plus en plus difficiles.

Le rôle de la famille. Dès le début de la thérapie, l'entourage doit être au courant et se familiariser avec la logique et le déroulement du traitement. Le thérapeute ne voit son patient qu'une ou deux fois par semaine (les cas graves nécessitent une prise en charge de deux fois par semaine). Or, la famille est présente tous les jours. Elle, et elle seule, peut offrir l'étayage et le renforcement quasi-indispensables à la prise en charge. Nous voyons heureusement peu d'individus sans réseau familial ni amical ni professionnel. Face à de tels cas, les progrès sont plus lents, car nous représentons l'unique source de soutien.

La participation de l'entourage, lorsqu'il existe, est capitale. La famille peut participer à plusieurs niveaux. Tout d'abord, un membre de la famille peut aider le patient à accomplir ses premières tâches, l'accompagner dans le métro ou dans la rue. Ensuite, l'entourage sert à encourager et à soutenir le patient, pour l'aider à maintenir ses progrès.

Faire et ne pas faire. L'entourage doit savoir ce qui est bénéfique et ce qui ne l'est pas. Céder à la demande d'un agoraphobe d'agir à sa place n'est pas lui rendre service. Les thérapeutes appellent bénéfices secondaires les avantages que tirent les patients de leur maladie. Le paniqueur est rarement promu aux corvées du supermarché, de la poste, de la conduite. Par conséquent, nous disons qu'il tire certains avantages de son problème. Autant les familles peuvent aider un paniqueur en début de thérapie, lui permettant d'accomplir ses premières tâches, autant la famille, au cours du traitement, doit apprendre à le laisser agir tout seul. Par conséquent, le thérapeute convoque l'entourage au cours de la première séance, pour lui expliquer comment aider son proche, sans pour autant renforcer ses bénéfices secondaires.

La deuxième séance

Les techniques corporelles : relaxation et respiration. Au cours de la deuxième séance, le thérapeute introduit les techniques de contrôle respiratoire et de relaxation. Qu'entend-on par contrôle respiratoire ? La respiration abdominale, qui consiste à faire gonfler le ventre à l'inspiration, permet d'obtenir un ralentissement du rythme cardiaque et une détente. En revanche, une respiration superficielle, essentiellement thoracique, provoque l'effet inverse. Elle fait travailler un nombre important et inutile de muscles, (épaules, poitrine, nuque) ; elle apporte une quantité d'oxygène trop importante. Résultat : le sujet se sent essoufflé en permanence (l'effet de l'hyperventilation est, curieusement, de provoquer une sensation de souffle court et aussi de tête qui tourne). Un grand nombre d'individus ont une respiration superficielle qui favorise la panique. Le thérapeute fait une démonstration de la respiration ventrale et s'assure que le patient la maîtrise avant de passer à l'apprentissage de la relaxation.

Il existe un grand nombre de techniques de relaxation. Celle que nous pratiquons est inspirée de Jacobson et consiste à contracter et relâcher deux groupes de muscles, pour distinguer les deux et mieux sentir la détente. La relaxation, lorsqu'elle fait l'objet d'un entraînement quotidien, permet de bien faire baisser le niveau d'anxiété chronique. Elle a également un effe tpréventif sur les crises de panique, celles-ci survenant plus facilement lorsque le niveau d'anxiété est élevé. Au cours de la thérapie, le patient apprend différentes formes de relaxation (allongé, assis, longue et très courte) dans le but de s'équiper d'une technique qui l'aide à gérer une crise de panique. L'apprentissage se fait progressivement.

Le thérapeute prend note du « carnet de monitoring » du patient pour se familiariser avec ses pensées automatiques (ce qui vient à l'esprit du paniqueur dans les moments de montée d'angoisse). La restructuration cognitive ou la modification des pensées est réservée à des séances ultérieures. Le monitoring, en début de thérapie, permet au patient d'identifier uniquement ses pensées.

A la fin de cette séance, le patient et le thérapeute définissent une première tâche. Ils décident que le patient se mettra dans une situation provoquant une faible anxiété. Avant de s'y rendre, ce dernier fera une séance de relaxation complète afin de diminuer son anxiété. Une fois dans la situation, il contrôlera son angoisse par les exercices respiratoires. Cette première tâche a une visée d'échauffement. La préparation aux expositions plus longues et plus anxiogènes est réservée à la troisième séance.

La troisième séance

Technique d'exposition. L'exposition in vivo, comme son nom l'indique, consiste à se placer véritablement dans la situation anxiogène. Elle est toujours précédée d'une préparation par visualisation qui sert d'échauffement. L'exposition in vivo est progressive. Le sujet remonte la hiérarchie des situations qui engendrent les phobies, à commencer par la plus facile.

Au cours de la troisième séance, le thérapeute aborde la partie imaginaire à l'aide de techniques de visualisation. Ensuite, à la fin de celle-ci, il introduit l'exposition dite in vivo (dans les situations réelles).

L'exposition in imaginaire : la visualisation. La visualisation, ou l'exposition in imaginaire, consiste à évoquer mentalement et aussi précisément que possible, un lieu ou une situation redoutés. Le sujet ferme les yeux. Le thérapeute lui demande de se représenter un lieu : (le métro par exemple) en lui précisant non seulement de « voir » ce lieu, mais également de sentir les odeurs et les sensations tactiles (la main qui tient le poteau métallique) et d'entendre les bruits (les freins qui grincent). La visualisation a pour but de familiariser le sujet avec les lieux redoutés, de l'exposer aux « dangers », avec un minimum de risques, et surtout, de l'aider à réduire son anxiété naissante par des exercices de respiration et de relaxation.

L'exposition in vivo

L'exposition in vivo, comme son nom l'indique, consiste à se mettre véritablement dans la situation anxiogène. Elle est toujours précédée d'une préparation par visualisation qui sert d'échauffement. L'exposition in vivo est progressive. Le sujet remonte la hiérarchie des situations génératrices de phobies, à commencer par la plus facile.

La famille peut jouer un rôle d'accompagnateur pour les premières expositions in vivo. Toutefois, l'anxieux devra rapidement apprendre à affronter tout seul les situations génératrices de phobies, bien que la famille puisse participer aux tâches en soulignant chaque progrès, chaque effort.

La restructuration cognitive et les monologues de coping. Les techniques cognitives destinées à gérer la crise de panique sont de deux sortes : la restructuration cognitive ou modification des pensées automatiques recueillies dans le carnet servant à faire le monitoring, et le monologue de « coping » (du verbe anglais « to cope » = gérer ou faire face).

Le traitement d'information. La restructuration cognitive se fait, nous l'avons vu, à partir des pensées automatiques du sujet. Cette méthode progressive et didactique a pour but de favoriser la prise de conscience de dysfonctionnements ou d'erreurs dans les pensées automatiques recueillies dans le carnet. A partir de la séance, le thérapeute soulève des exemples d'erreurs. Autrement dit, le thérapeute attire l'attention du patient sur une pensée inscrite dans le carnet et cherche à faire remarquer en quoi cette pensée est erronée. Chaque séance portera sur différents types d'erreurs, que nous appelons des « erreurs dans le traitement de l'information ».

Quelles sont ces erreurs de pensées et qu'entendons-nous par le traitement de l'information ? Le terme traitement de l'information provient de l'univers de l'informatique. Il est utilisé en référence aux logiciels (programmes) qui permettent à un ordinateur de procéder à « l'analyse » de certaines données. Les psychologues cognitivistes (ceux qui s'intéressent aux fonctions cognitives cherchant à conceptualiser la pensée, l'apprentissage, la mémoire) se sont inspirés de l'informatique pour expliquer le fonctionnement du cerveau humain. Les cognitivistes radicaux présentent notre cerveau comme une grosse machine fonctionnant à partir d'unités mathématiques très proches du langage des ordinateurs. Les moins radicaux, comme nous, tout en acceptant la référence à la machine, s'intéressent à la capacité du cerveau de se représenter le monde et d'en fabriquer du sens, voire des images cohérentes. Ces derniers étudient les processus ou les opérations mentales qui permettent à l'individu de forger la réalité.

Les dysfonctionnements cognitifs. Le monde qui nous entoure est toujours fonction d'une création subjective, la réalité ne s'imposant jamais à l'esprit. Cependant, si nous arrivons à communiquer entre nous, c'est bien parce que nos perceptions du monde, toutes subjectives qu'elles puissent être, ont des bases communes. Il arrive parfois que les processus ou les opérations cognitifs présentent des dysfonctionnements. Autrement dit, parfois notre représentation mentale de l'environnement s'écarte de la moyenne. Notre perception du monde est troublée, biaisée. L'anxiété en est souvent responsable, ce qui explique pourquoi l'anxieux et son entourage ont l'impression de ne plus parler le même langage.

Les dysfonctionnements cognitifs qu'entraîne l'anxiété ont fait l'objet d'une systématisation. C'est-à-dire que les anxieux ont des modes de pensée tout à fait typiques. Le carnet réservé au monitoring permet de les identifier. A titre d'exemple, nous en citerons quelques-uns :

- La personnalisation : l'anxieux interprète toute information sous un angle personnel. Si le patron ne sourit pas, c'est à cause de lui.

Rien d'autre ne pourrait expliquer ses états d'âme.

- La vision systématiquement négative : le retard du fils ne peut être dû qu'à un grave accident de la route. Toute autre explication est rejetée.
- L'abstraction sélective : toute information qui ne va pas dans le sens de l'hypothèse catastrophique est écartée. La réussite à un examen n'est jamais possible, malgré les révisions : l'anxieux ne peut qu'échouer, compte tenu de son trac.

A chaque séance, le thérapeute abordera une « erreur » différente, à partir des pensées recueillies dans le carnet par le patient entre les séances. Le thérapeute apprendra au patient (les thérapies cognitivo-comportementales, ne l'oublions pas, sont basées sur les théories de l'apprentissage) à reconnaître la nature partielle, voire biaisée, de son raisonnement. Le sujet apprend également à critiquer ses pensées et à rédiger ses critiques pour pouvoir les relire, ce qui facilite la prise de distance.

Les monologues de coping. L'autre volet de la restructuration cognitive consiste à écrire des monologues de « coping » : auto-instructions rassurantes, raisonnables.

De quoi s'agit-il ? Les pensées automatiques des patients sont constituées par des phrases négatives et catastrophiques : « je vais mourir », « je ne vais pas y arriver », « on va m'emmener à l'hôpital ». La restructuration cognitive a pour but de permettre au sujet de prendre du recul, de critiquer, de reconnaître des erreurs ou la nature execssive de ses pensées. Les monologues de coping sont des verbalisations que l'on substitue aux pensées catastrophiques. Ce sont des verbalisations plus raisonnables et qui permettent de mieux gérer l'anxiété de la panique. A titre d'exemple, nous pouvons citer : « je sais ce qui m'arrive, c'est une attaque de panique » ; « je sais y faire face » ; « j'en ai déjà eu » ; « je ne vais pas mourir » ; « ça va passer », etc. Il ne s'agit, en aucun cas, de pensées optimistes (cette méthode ne doit pas se confondre avec la méthode Coué), mais de pensées raisonnables. La rédaction se fait avec l'aide du thérapeute. Chaque sujet conçoit ses monologues et les apprend comme un scénario, les lisant plusieurs fois dans la journée afin de pouvoir s'en servir au moment d'une crise de panique. L'entraînement en dehors de la situation anxiogène est capital, sans cela le sujet n'arrive guère à exploiter les auto-verbalisations pour lutter contre les pensées automatiques.

La quatrième séance

Le patient et le thérapeute analysent ensemble les tâches, examinant les difficultés et les réussites. Ensuite, ils établissent les tâches pour la semaine à venir.

Entre chaque séance, le patient se met en situation anxiogène de difficulté croissante. Il se prépare, à l'aide de la relaxation, du contrôle respiratoire et des monologues de coping. De séance en séance, les progrès font l'objet d'un monitoring et les pensées négatives d'une critique.

La cinquième séance

Le contrôle panique. Au cours de la cinquième séance, le thérapeute introduit une nouvelle forme d'exposition : l'exposition aux sensations mêmes de la crise de panique. Cette technique s'appelle le contrôle panique.

De quoi s'agit-il ? Les patients paniqueurs, pour la plupart, se plaignent de respiration coupée, de sensation d'étouffement, de vertiges et de palpitations. De telles sensations leur sont extrêmement pénibles, d'autant plus qu'elles sont associées, dans leur esprit, à un danger de mort (par infarctus) ou d'évanouissement. Or, de telles sensations sont facilement provoquées par l'hyperventilation : une respiration superficielle (avec gonflement de la cage thoracique) et rapide. Inévitablement, cette respiration fait tourner la tête, engendre des nausées et accélère le rythme cardiaque. Certains sujets répondent en faisant une véritable crise de panique.

L'hyperventilation et l'induction de la crise de panique servent à montrer au patient la banalité d'une telle crise (il ne tombe pas dans les pommes et surtout il ne meurt pas), à l'aider à la contrôler par la respiration, la relaxation et les monologues de coping. Ce faisant, le patient apprend à casser l'association sensations physiques ou symptômes / pensées catastrophiques : je meurs/ comportement de fuite.

Cet exercice se fait toujours avec l'accord du patient. Il est précédé d'une longue explication du comment et du pourquoi de l'exercice. Nous n'entreprenons jamais cette technique sans explication adéquate de ce qui va se passer et sans l'accord du patient. Alors qu'aux Etats-Unis et à des fins de recherche, l'induction des crises de panique se pratique à l'aide de substances chimiques (par injection de caféine, d'adrénaline ou de lactate), en France, hormis l'hyperventilation, aucune technique n'est utilisée pour induire des crises de panique.

Une fois la technique de contrôle panique acquise, le patient pratique lui-même en dehors des séances. Cela facilite l'habituation aux symptômes, et permet de les faire disparaître.

Durée du traitement. La prise en charge cognitivo-comportementale du trouble panique comporte en moyenne douze séances. Les études internationales concordent pour établir un taux de réussite de 70 à 90 %. Il n'y a pas de transfert de symptômes (de réapparition sous une autre forme de symptômes anxieux). Les résultats sont durables. Le suivi (le follow-up) des patients se fait sur un an. Ces techniques, brèves et efficaces, devraient, tout au moins nous l'espérons, susciter un plus grand intérêt en France dans les années à venir, car elles restent, à l'heure actuelle, peu pratiquées dans notre pays.

Le TOC (trouble obsessionnel convulsif)

Si vous vous souvenez du chapitre 3, vous savez déjà que le trouble obsessionnel compulsif est caractérisé par des pensées intrusives souvent absurdes et irrationnelles : les obsessions, et par des comportements stéréotypés qui échappent au contrôle du patient : les compulsions. Parmi les compulsions les plus fréquentes, nous pouvons citer des rituels de lavage et de vérification. Cette maladie, comme nous l'avons signalé auparavant, est terriblement handicapante, ne serait-ce que par le temps que le sujet passe à faire des gestes absurdes. Il existe également des formes de TOC sans rituels, les obsessions pures. Cette forme résiste aux psychothérapies à proprement parler. Les techniques d'arrêt de la pensée (on apprend au sujet à dire STOP chaque fois qu'il a une obsession) n'ont pas donné les résultats espérés. Les obsessions pures, par conséquent, nécessitent un traitement médicamenteux. Une psychothérapie peut y être associée pour aider le sujet à se détendre ou à mieux gérer sa maladie. Il en sera question brièvement par la suite.

L'analyse fonctionnelle. Le premier entretien thérapeutique pour un TOC se déroule de manière classique. Le thérapeute fait une analyse fonctionnelle du trouble pour essayer de connaître les circonstances qui favorisent l'apparition des obsessions et des rituels. Lors de cet entretien, le thérapeute remet au patient un carnet qui sert à quantifier en fréquence et durée les rituels, le temps total que le sujet y consacre, les produits utilisés, pour les rituels de lavage. Les estimations de la famille, ainsi que ses observations, sont également recueillies. Le thérapeute explique au patient et à l'entourage la maladie, ses origines, son traitement.

La première séance

Tout comme pour le trouble panique, le traitement comportemental d'un TOC se fait progressivement. Avant d'entreprendre la thérapie à proprement parler, le patient, à l'aide du thérapeute, établit une hiérarchie de situations ou d'objets générateurs de phobies. Cette hiérarchie sert de fil conducteur à la thérapie. Entre chaque séance, le patient apprendra à réduire un rituel pour, en fin de compte, l'éliminer totalement.

L'hygiène de vie. L'hygiène de vie est toujours abordée dans toute thérapie cognitivo-comportementale. Elle est d'une importance capitale dans la prise en charge du TOC, car les sujets sont, pour la plupart, d'une extrême sensibilité aux excitants (café, tabac, alcool, chocolat).

La relaxation. Alors que la relaxation est d'une importance capitale dans la prise en charge du trouble panique, elle joue un rôle secondaire dans celle du TOC, les études ayant montré qu'elle n'agit que peu contre les obsessions et les rituels. Toutefois, sa maîtrise permet une détente générale. Ainsi, elle s'inscrit toujours dans une prise en charge du TOC.

La deuxième séance

Les techniques d'exposition et de prévention de la réponse. Lors de la deuxième séance, le thérapeute aborde le cœur de la thérapie : l'exposition et la prévention de la réponse. De quoi s'agit-il ? Par exposition, nous entendons la mise en contact avec des objets, des situations et des lieux anxiogènes, qui favorisent l'apparition des rituels de lavage. La vue des prises électriques et des appareils ménagers déclenche les rituels de vérification. L'exposition consiste en une mise en contact de plus en plus longue avec les substances ou les situations redoutées. Progressivement, le thérapeute demandera au sujet de toucher certains objets.

L'exposition suscite une grande anxiété chez le patient, anxiété que le thérapeute essaie de dédramatiser en l'aidant à verbaliser ce qu'il ressent et en l'entraînant à entreprendre des monologues de coping. Pour les cas très difficiles, où l'anxiété est majeure, deux techniques différées sont utilisées avant de passer aux expositions directes. D'une part, le thérapeute peut utiliser le « modelage », c'est-à-dire qu'il rentre lui-même en contact avec l'objet anxiogène : il touche la poussière, la moquette etc.

D'autre part, l'exposition in imaginaire peut servir à « échauffer » le patient pour les expositions in vivo.

La prévention. La prévention de la réponse consiste à retarder l'apparition du rituel. Sachant que cette technique est très génératrice d'anxiété, le thérapeute doit cultiver la confiance du patient, expliquer clairement la technique et proposer des exercices de difficulté graduelle. Après une première tentative d'exposition, nous laissons au patient la possibilité de ritualiser. Pour le deuxième exercice d'exposition, le thérapeute impose un temps de latence entre celle-ci et le rituel, permettant, par exemple, au patient de se laver les mains une fois rentré chez lui. Après la troisième exposition, les rituels seront encore plus retardés, voire complètement éliminés, et ainsi de suite. Au cours des séances, le temps d'exposition s'accroît, ainsi que la difficulté des tâches ; conjointement, les rituels sont supprimés.

Entre chaque séance, le patient a des tâches de difficulté croissante à effectuer chez lui. De semaine en semaine, il supprime des vérifications et des lavages, notant les réussites et les obstacles aux progrès. Chaque semaine, il revoit ses progrès avec le thérapeute et renégocie une série de tâches à faire.

Durée du traitement. Une prise en charge comportementale d'un trouble obsessionnel compulsif nécessite en moyenne quinze à vingt séances. Cette durée peut être plus importante pour des sujets dont l'anxiété impose une progression lentissime.

La relation patient-thérapeute. Le traitement comportemental du TOC s'est avéré extrêmement efficace. Il n'en demeure pas moins que ce traitement est anxiogène pour le patient. Son efficacité se paye par une forte anxiété. De ce fait, une relation de confiance entre le patient et son thérapeute est indispensable. Une telle relation se cultive, nécessitant une grande patience, voire une grande disponibilité de la part du thérapeute, et un respect du patient et de sa peur.

Le rôle de la famille. La prise en charge d'un TOC, pour être pleinement efficace, doit se faire vingt-quatre heures sur vingt-quatre. La famille a donc un rôle capital à jouer dans son déroulement. Son soutien est indispensable, ses encouragements, ses renforcements, positifs. Le patient a souvent envie de tout laisser tomber ; la famille doit le pousser à ne pas s'arrêter en route.

Ce qu'il faut faire et ne pas faire. Il est très difficile de vivre avec quelqu'un qui présente un TOC. La famille, elle, a besoin d'aide pour supporter son proche. Essayez de rester aussi calme et aussi neutre que possible. Veillez à vous ménager des échappatoires sous forme de loisirs et d'activités de détente. Vous en avez besoin. Soyez patient, les progrès se font lentement. Apprenez à vivre au jour le jour.

Evitez de comparer les jours entre eux. Les progrès ne surviennent jamais de manière linéaire. Il y a des hauts et des bas. Ne changez pas votre vie pour accompagner votre proche. Ne vérifiez pas à sa place. S'il vous le demande, répondez qu'en accord avec le thérapeute, il a été décidé que vous ne le feriez pas.

Les TOC paraissent souvent absurdes au patient, et d'autant plus absurdes à son entourage. Les comportements adoptés, ainsi que les préoccupations des patients, sont en effet dépourvus de sens la plupart du temps. Les patients eux-mêmes le reconnaissent parfaitement. Malgré cet aspect absurde du trouble, n'oubliez pas que trouble il y a, et que votre conjoint, enfant ou parent, souffre le martyre. Ils ont besoin de votre aide et vous pouvez les aider. Soyez patient, même si parfois ils vous exaspèrent. N'oubliez pas que vous êtes des co-thérapeutes.

L'anxiété généralisée

Jusque-là, nous avons présenté des prises en charge de troubles qui sont clairement définis. Quelle que soit l'approche thérapeutique préconisée, les thérapeutes s'entendent, pour la plupart, sur la définition du TOC ou du trouble panique. Tel n'est pas tout à fait le cas pour l'anxiété généralisée qui, pendant longtemps, a servi de catégorie résiduelle (fourre-tout) dans les classifications des troubles psychiatriques. A l'heure actuelle, ce trouble continue à faire couler beaucoup d'encre, les limites entre l'anxiété généralisée (la maladie) et la personnalité anxieuse n'étant pas encore bien tracées. Malgré le défi que cela nous pose, nous allons essayer de présenter à la fois le phénomène et son traitement.

L'analyse fonctionnelle. La prise en charge de l'anxiété généralisée commence toujours par une analyse fonctionnelle. L'interrogation porte sur les circonstances ou les facteurs déclenchants des ruminations, mais vise aussi à connaître l'évolution de l'anxiété et ses sources événementielles, culturelles et biologiques. Les informations apportées par la famille permettent de compléter le tableau.

La première séance

L'hygiène de vie. L'anxiété généralisée est souvent favorisée par un style de vie ou par l'absence d'hygiène de vie. Les anxieux chroniques dorment peu, ne pratiquent pas de sport et consomment trop de café, de tabac et d'alcool. Toute prise en charge doit débuter par des modifications de l'hygiène de vie. Le sport représente un excellent moyen de lutter contre son anxiété et de s'exposer aux affects. Le sommeil est capital pour faire face aux incertitudes de la vie et aux défis constants que l'on doit relever en permanence. Le tabac, l'alcool et le café constituent des moyens très pervers de soigner son anxiété : pervers, car ils augmentent l'anxiété, même à très faible dose. Avant donc de soigner les ruminations, le thérapeute soigne les comportements qui génèrent l'anxiété chronique.

Le monitoring. Lors de la première séance,

le thérapeute remet au patient un carnet qui sert à faire le point des situations anxiogènes et des pensées qui les accompagnent. Dans un premier temps, le thérapeute se contente d'attirer l'attention du patient sur des liens entre les pensées et les situations pour qu'il en prenne conscience. Dans un deuxième temps, à l'aide de la restructuration cognitive, il apprend au patient à critiquer ses pensées, voire à modifier ses schémas cognitifs.

La deuxième séance

La relaxation et le contrôle respiratoire. Si la relaxation n'a qu'un rôle secondaire à jouer dans le traitement du TOC, elle joue un rôle capital dans le traitement de l'anxiété généralisée. Ce trouble, qui se caractérise sur le plan physiologique par un état de tension nerveuse, engendre des crispations, voire des crampes extrêmement douloureuses. La relaxation permet d'atténuer ces douleurs. Un tel soulagement renforce le sentiment d'efficacité et de maîtrise qui fait défaut aux anxieux.

La visualisation. Cette technique, que nous avons présentée dans le paragraphe concernant le traitement du trouble panique, joue un rôle tout à fait particulier dans la prise en charge de l'anxiété. On le comprendra en voyant ce qu'est la théorie des hémisphères cérébraux.

Les différences hémisphériques. Les recherches récentes portant sur l'anxiété généralisée et inspirées des travaux de neuro-psychologie, tendent à montrer que ce trouble ne se limite pas aux simples ruminations, comme nous l'avions pensé jusque-là, mais qu'il se caractérise, avant tout, par un blocage des affects. Ce blocage, en fait, se traduit au niveau neurophysiologique par une activité restreinte de l'hémisphère droit du cerveau où siègent le traitement des affects et l'activité émotionnelle. L'hémisphère gauche, au contraire, est le centre de l'activité langagière et de la pensée abstraite. Chez les sujets souffrant d'anxiété généralisée, il y aurait une activité réduite de l'hémisphère droit, en d'autres termes un blocage ou une faible activité émotionnelle.

L'intérêt pour la thérapie. Ces travaux ne sont pas sans intérêt pour la thérapie. Au contraire, alors que là, nous insistions auparavant quasi exclusivement sur la critique des pensées catastrophiques, à l'heure actuelle, la prise en charge de l'anxiété se fonde également sur la visualisation et l'exposition in imaginaire des scénarios catastrophes, dans le but d'accroître une activité émotionnelle chez le patient. Alors que, dans le traitement du trouble panique, la visualisation sert à préparer le sujet à affronter le réel, dans la prise en charge de l'anxiété généralisée, la visualisation a pour but de favoriser l'affectivité : son ressenti et son expression.

Entre les séances, le sujet pratique l'exposition in imaginaire en commençant par les scénarios les moins pénibles pour lui, pour affronter, en fin de traitement, ce qu'il considère comme étant le pire.

La troisième séance

L'entraînement à la probabilité. La restructuration cognitive, à partir des carnets du patient, fait intégralement partie du traitement de l'anxiété généralisée. Cependant, pour ce trouble, le thérapeute insiste plus particulièrement sur l'entraînement à la probabilité, invitant le patient, à chaque fois qu'il imagine une catastrophe, à chiffrer la probabilité qu'elle se produise. Si, par exemple, le sujet a peur que son fils soit victime d'un rapt d'enfant sur le chemin de l'école, le thérapeute pousse son patient à estimer la probabilité d'un tel crime. Est-ce que cela arrive fréquemment dans le quartier ? Est-ce que le fils a déjà été victime d'agressions ? A-t-il l'habitude de se laisser embarquer par des inconnus ? En posant une série de questions de ce genre, le thérapeute vise à montrer au patient que les scénarios sont hypothétiques, pas impossibles, mais peu probables compte tenu des données empiriques du problème : expériences antérieures, caractère de l'enfant, dangerosité du quartier, distance entre l'école et la maison. Les catastrophes ne sont pas celles qu'on a pu imaginer.

En dehors des séances, les patients chiffrent la probabilité de chaque catastrophe qu'ils ruminent, ce qui permet de quantifier les catastrophes et les modifications de la pensée.

La quatrième séance

La résolution de problèmes. Visualiser les catastrophes et quantifier leur probabilité ne suffit pas pour guérir un anxieux chronique. Il faut aussi lui apprendre à agir sur son monde de manière efficace, même face aux problèmes, qu'ils soient réels ou imaginaires. Pour ce faire, nous employons la technique de résolution de problèmes.

D'abord, le patient fait du « brainstorming » : il met sur papier toutes les solutions possibles aux problèmes sans distinguer les bonnes et les mauvaises. Dans un deuxième temps seulement, il fait le tri entre les solutions, en rejetant celles qui paraissent franchement absurdes. Ensuite, il quantifie le pour et le contre de chaque solution qu'il aura retenue. En fonction des sommes, il choisira la meilleure.

L'anxieux a tendance à écarter toute solution avant même d'avoir pris le temps de mesurer si oui ou non elle peut être valable. Ce faisant, il se laisse rarement la possibilité de trouver une réponse à ses difficultés. Il est donc nécessaire de le forcer presque à envisager plusieurs hypothèses avant de les écarter, ce qui renforce nécessairement son sentiment de maîtrise et favorise le développement de recherche de solutions plus importantes.

La durée du traitement. La prise en charge est de douze séances en moyenne. La mise en pratique se fait sur toute une vie.

Le rôle de la famille. Dans toute thérapie

cognitivo-comportementale, la famille tient une place importante. Elle permet à l'anxieux de tester ses hypothèses, de réduire ses exigences, d'améliorer son hygiène de vie.

L'hypochondrie

De plus en plus d'articles dans la presse sont consacrés à l'hypochondrie. Les médecins généralistes sont assiégés de patients de tout âge qui sont persuadés d'avoir un problème grave et se soucient en permanence de leur santé. La question mérite d'être posée : « est-ce que l'hypochondrie se soigne ? » Nous pensons que oui, mais il faut savoir que la prise en charge peut être longue et parfois décourageante pour le patient et le praticien, trop pressés d'obtenir des résultats.

Qu'est-ce que l'hypochondrie ? Il faut d'abord la définir avant de décrire son traitement. Pour nous, l'hypochondrie se trouve à mi-chemin entre le trouble panique et l'anxiété généralisée. Pourquoi ? L'anxiété généralisée, du fait des soucis constants de sa santé et d'une horrible angoisse de mort. Le trouble panique, du fait de l'hypersensibilité au moindre symptôme ou à la moindre sensation physique.

La famille et l'hypochondriaque. Une différence majeure entre l'hypochondrie et ses deux cousins germains concerne l'attitude de l'entourage face au trouble. Alors que, souvent, l'entourage se montre trop complaisant face au trouble panique ou à l'anxiété généralisée, les familles des hypochondriaques sont plus facilement critiques, voire exaspérées. Les hypochondriaques sèment la mésentente dans une famille, car ils sont épuisants, aussi difficiles à vivre que les obsessionnels. Très vite, la famille se lasse.

Les hypochondriaques et les thérapeutes. Les paniqueurs et les anxieux chroniques ont souvent une relation de bonne qualité avec le corps médical et les psychologues. Par contre, les hypochondriaques ont souvent un côté agressif et revendicateur face aux praticiens. Dans la mesure où ils sont persuadés d'avoir raison, ils sont également persuadés que le médecin ou le psychologue se trompent. Ils sont seuls à comprendre la gravité de leur maladie. D'où la difficulté de la prise en charge.

Le premier contact : l'analyse fonctionnelle. Toute prise en charge d'un hypochondriaque nécessite une phase assez longue de mise en confiance, phase indispensable à toute psychothérapie certes, mais qui est parfois plus longue pour ce trouble. Il faut, dans un premier temps, arriver à convaincre le patient qu'on écoute bien ses plaintes (chose que les nombreux médecins qu'il voit ou qu'il a vus ne font pas, selon lui).

Une fois le contact établi, le thérapeute passe à l'analyse fonctionnelle, essayant de connaître l'évolution du problème et les facteurs susceptibles d'y avoir contribué. L'attitude de la famille est également importante à connaître.

Comme d'habitude, le thérapeute remet au patient un carnet qui sert à noter les pensées catastrophiques et les symptômes qui les accompagnent.

La première séance

L'hygiène de vie. Les hypochondriaques, tout comme les dépressifs, sont inactifs. Chaque mouvement leur occasionne des sensations nouvelles qui sont, par définition, suspectes. Il faut donc commencer la thérapie par une modification de l'hygiène de vie, notamment de l'activité sportive. Souvent, nous conseillons la natation, évitant, dans un premier temps, toute activité susceptible de provoquer des efforts physiques trop intenses.

La relaxation. L'hypochondriaque ne sait pas se détendre, de peur qu'il lui arrive quelque chose lorsque sa vigilance est réduite. Apprendre à se relaxer, c'est aussi apprendre à écouter son corps, mais d'une manière nouvelle. Pour désapprendre l'hypochondrie, il faut apprendre à reconnaître et à savourer les plaisirs corporels dûs à la détente.

L'entraînement à la probabilité. Nous ne répondons jamais à un hypochondriaque qu'il n'est pas malade et que tout se passe dans sa tête. Au contraire, comme avec l'anxieux chronique, nous essayons de lui apprendre à raisonner en termes de probabilité, en insistant sur le fait que le possible n'est pas toujours le probable et est loin d'être le certain. Les douleurs qu'il ressent au ventre ne sont pas forcément dues à un cancer de l'estomac, les pressions de la cage thoracique ne sont pas forcément les signes d'un infarctus, et ainsi de suite. Ce sont des possibilités parmi d'autres mais, pour pouvoir les transformer en probabilités, encore faut-il qu'il y ait plus d'un signe.

La restructuration cognitive avec un hypochondriaque est délicate, aussi délicate qu'avec un obsessionnel, car le sujet a toujours la crainte de passer à côté de quelque ennui et de trouver la mort. Il convient donc de cultiver une relation thérapeutique suffisamment bonne pour que le patient ne vous soupçonne pas de désirer sa mort ou de sous-estimer ses douleurs et ses problèmes. L'hypochondriaque est toujours dans le « mais si ». Il pense que, ce faisant, il évitera la mort, hélas l'unique certitude sur cette terre. Toute restructuration cognitive constitue un ballet délicat entre la peur de la mort et la confiance établie entre le patient et son thérapeute.

La deuxième séance

La refocalisation et la réattribution. Par la relaxation, le patient apprend à fixer son attention sur son corps et à découvrir des sensations nouvelles. La relaxation, par conséquent, sert à préparer le travail cognitif de refocalisation et de réattribution : refocaliser, car le patient fixe son attention différemment, et réattribuer car il apprend à attribuer les nouvelles sensations à la détente au lieu de la maladie.

Comme le paniqueur, l'hypochondriaque a une parfaite connaissance de son corps. Il ressent tout avec une précision incroyable. Là où un autre ne s'apercevrait de rien, il capte, décèle, décortique chaque sensation, l'attribuant inexorablement à une pathologie grave. Le travail cognitif a pour but de lui apprendre à réinterpréter ses sensations, à les attribuer à des causes autres que pathologiques d'une part, et de lui apprendre à fixer son attention vers l'extérieur, d'autre part. Autrement dit, l'hypochondriaque doit réinterpréter son corps pour le vivre autrement.

La troisième séance

La gestion du doute. Comme l'obsessionnel, l'hypochondriaque est rongé par le doute et par l'envie de certitude à tout prix. Il vit dans le « mais si » perpétuel. Mais si c'était grave et que son médecin ne l'ait pas vu... Le traitement de l'hypochondriaque passe par la gestion du doute, qui s'apparente à l'exposition et à la prévention de la réponse. Cela se fait par exposition progressive aux situations inconnues, d'une part, et d'autre part, par l'apprentissage de techniques de « coping » (cognitives et corporelles) dans le but d'augmenter le sentiment de maîtrise. Au cours de la thérapie, l'hypochondriaque apprend à tolérer des doutes de durée de plus en plus importante. Il s'impose progressivement de ne pas appeler le médecin pour s'assurer que son angine n'est pas un cancer de la gorge. Il apprend à accepter le doute comme un état normal, à ne plus le confondre avec un état exceptionnel.

Durée du traitement. La prise en charge de l'hypochondrie est aussi longue que celle du trouble obsessionnel compulsif. Elle comprend la modification de comportements et de schémas cognitifs, voire même de la personnalité. Pour ce faire, il faut prendre le temps de créer un climat de confiance qui permet à l'hypochondriaque de tester ses hypothèses.

Le rôle des familles. Les familles doivent devenir co-thérapeutes face à l'hypochondrie, autant que face à un TOC. Leur aide est précieuse ; leur exaspération est tout à fait compréhensible. Soyez patient, tout en évitant de prêter trop d'attention aux plaintes de peur de les renforcer. Par contre, renforcez tout comportement qui va dans le sens d'une dédramatisation ou d'une banalisation des symptômes physiques et de la maladie. Encouragez l'hypochondriaque à pratiquer un sport, à faire des efforts physiques, à tester ses limites et à faire naître des sensations nouvelles et, par définition, inquiétantes à ses yeux. Plus il s'exposera à connaître son propre corps et la panoplie de sensations qu'il lui procure, mieux l'hypochondriaque se sentira.

Nous nous adressons, dans les paragraphes qui suivent, autant aux anxieux qu'à leurs familles car, en tant que thérapeutes, nous voyons tous les jours des patients qui errent longtemps sans savoir ni où ni comment se faire soigner.

Au cours du chapitre 1, nous avons décrit l'anxiété comme une maladie invisible. Le plus grand mal se passe à l'intérieur de l'être ; les spécialistes sont les seuls capables de « voir » les symptômes de l'anxiété. N'attendez pas que l'anxiété et ses troubles se voient avant de consulter. Et n'attendez surtout pas que ses conséquences soient visibles : qu'une dépendance à l'alcool et/ou aux médicaments s'installe ; que le couple explose.

Mais alors, à quel moment consulter ? La réponse dépendra en grande partie de la tolérance de l'anxieux à la souffrance. Certaines personnes sont capables d'accepter toute une vie que leurs déplacements soient circonscrits par des détours inimaginables de tunnels, de ponts, d'autobus. D'autres arrivent à la retraite sans jamais monter dans un avion. D'autres encore vivent en rez-de-chaussée pour éviter les ascenseurs. Nous connaissons tous des gens qui évitent le dentiste, qui souffrent le martyre à cause de migraines, qui rasent les murs dans les ports de départ, des insomniaques... Certains s'accommodent de leur mal. Mais franchement, à quelle fin ?

Quand on a le nez qui coule, le chou-fleur qui ne passe pas, les cheveux qui tombent et des boutons partout, on ne se pose pas trente mille questions pour savoir si oui ou non il faut aller voir le médecin. On ne se demande pas si on abuse de la Sécurité Sociale, ni si le médecin nous trouvera bizarre. On pense plutôt à son confort physique, estimant avoir le droit de se sentir bien.

Pour la santé psychologique, la démarche n'est pas tout à fait la même. Consulter un psychologue ou un psychiatre provoque des angoisses de vierge effarouchée que Freud lui-même n'a guère connues. L'anxieux se dit qu'il n'est pas fou, que cela ne se soigne pas, il hésite, annule son rendez-vous, simplement parce qu'il s'agit d'une consultation « psy » qui, en France, rime avec honteux. Cependant, les maladies « psy » sont de vraies maladies qui se soignent aussi bien que les entorses et les grippes.

Alors quand consulter ? Quand l'anxieux a mal ou quand l'entourage en souffre. Soyez honnête avec vous-même et attentif aux changements insidieux qui font qu'il n'est plus la même personne. Son sommeil est perturbé, il voit du danger partout, il hésite trois heures avant de choisir entre un pull bleu ou un pull rouge, il passe ses week-ends à lessiver : voilà quelques signes d'une anxiété problématique.

Mais le signe par excellence : il ne se sent plus tel qu'il était avant. Il modifie son style de vie par obligation, ses comportements par force, comme si quelque chose le poussait à le faire. Lui si gai, est devenu taciturne ou, désordonné, il se transforme en « maniaque ». Il change sans savoir pourquoi, sans le vouloir ; il est méconnaissable à ses yeux. S'il se reconnaît dans un tel portrait, il serait temps de consulter, même quand les changements que nous décrivons restent « invisibles ».

Ces symptômes invisibles peuvent vous paraître très éloignés de la maladie. Pour lui, il est ce que les Américains appellent « the worried well », expression péjorative qui pourrait se traduire par « les bien-portants soucieux », qui se font soigner pour si peu. Mais d'où vient cette notion de si peu ? Pourquoi faut-il qu'une souffrance psychique soit insupportable pour s'octroyer le droit de consulter ? Nos patients envient souvent les polytraumatisés et les cancéreux qui, eux, souffrent de maladies nobles. Ou pire, ils s'excusent de nous gêner avec leurs problèmes que nous devons, nous disent-ils, trouver insignifiants, voire absurdes. N'est-ce pas le monde à l'envers, où le patient s'excuse d'être malade ? Après tout, les thérapeutes, en choisissant leur profession, s'engagent à aider leurs proches.

Que l'anxieux attende quelques mois, qu'il ne réponde pas immédiatement aux premiers signes de la maladie, rien n'est plus normal ; il faut parfois qu'il s'assure d'abord qu'il ne peut pas régler ses problèmes lui-même. Il est normal d'en parler à son médecin traitant ou à son entourage avant de consulter un psychologue. Mais n'attendez pas que son problème se voie (car les vertiges, les palpitations ne se verront jamais) avant de l'emmener consulter. Lui seul peut juger de l'intensité de sa souffrance. Si souffrance il y a, consultez.

Ce n'est pas toujours celui qui souffre qui décide de consulter. Parfois, c'est la famille qui prend la décision, souffrant elle-même de la situation. Toutefois, notre réponse à la question « quand faut-il consulter ? » reste invariable dans les deux cas.

Lorsqu'il y a souffrance, gêne, handicap, consultez en ayant bonne conscience. Trop souvent, pour tout ce qui est d'ordre psychologique ou psychiatrique, les Français minimisent le besoin d'aide ou, pire, ils ont honte d'en avoir besoin. Il vaut mieux venir trop tôt, quitte à « ennuyer » votre médecin ou thérapeute, que d'attendre trop ou très tard. Nous voyons régulièrement en consultation des patients qui souffrent depuis quinze ou vingt ans de troubles anxieux et qui, jusque-là, n'avaient jamais eu l'idée de se faire soigner. Nous arrivons, malgré tout, à les aider. Toutefois, notre tâche serait beaucoup plus simple s'ils avaient attendu moins longtemps. N'hésitez pas. Au pire, nous lui dirons : vous n'avez rien, ou, vous êtes venu trop tôt. Cependant, depuis que nous consultons, il ne nous est jamais arrivé de renvoyer quelqu'un. Ne pas confondre accouchement et anxiété. Pour le premier, on peut arriver trop tôt mais jamais pour la deuxième.

Consulter qui ? Commencez par l'envoyer voir son médecin de famille. Celui-ci le connaît ; il est tout à fait capable de faire le diagnostic de troubles anxieux. Certains généralistes sont formés aux thérapies cognitivo-comportementales et peuvent eux-mêmes prendre en charge une psychothérapie. S'il n'a pas la formation pour le faire, il peut l'orienter vers un psychiatre ou un psychologue susceptible de l'aider.

Vous pouvez, également, l'adresser à l'Association Française de Thérapie Cognitivo-Comportementale, 100 rue de la Santé, Paris 14ᵉ, pour avoir la liste complète des praticiens dans toute la France. Les thérapeutes qui figurent dans l'annuaire de l'AFTCC sont formés aux thérapies cognitivo-comportementales. Par conséquent, ils sont tous spécialistes des troubles anxieux. L'AFTCC garantit la compétence et la rigueur de ses adhérents.

Prise en charge pluri-disciplinaire. Pour notre part, nous préconisons la prise en charge par une équipe de psychologues et de psychiatres, ce qui permet d'avoir un suivi médicamenteux et psychologique. Du fait de ce travail en commun, une prise en charge par une équipe psycho-médicale permet de bénéficier d'une approche globale. Par ailleurs, les équipes ont souvent une double casquette de recherche et de soins.

Pour bénéficier d'une prise en charge pluridisciplinaire à Paris et aux environs, vous pouvez vous adresser à :

- L'IFAS : l'Institut Français de l'Anxiété et du Stress, adultes ;
- L'hôpital Bichat : consultation d'anxiété et des phobies, adultes ;
- L'hôpital Sainte-Anne : Services du Professeur Lajeunesse et du Professeur Loo ;
- L'hôpital de Villeneuve-Saint-Georges, adultes et enfants ;
- L'hôpital Debray : Service du Professeur Moureen-Simeoni, enfants et adolescents.

Comment collaborer avec le thérapeute ? Nous avons insisté tout le long de cet ouvrage sur le rôle de l'entourage dans la prise en charge des troubles anxieux. En fait, les cognitivo-comportementalistes travaillent toujours étroitement avec les familles, car nous considérons que les familles ou les conjoints doivent jouer le rôle de co-thérapeutes. Dans la mesure où l'objectif de nos thérapies est d'apprendre à nos patients à se modifier, et sachant qu'il est impossible de voir chaque patient chaque jour (impossible compte tenu du coût en temps et en argent), nous nous appuyons énormément sur l'entourage. Cependant, pour ce faire, il faut que les familles puissent apprendre leur rôle.

La rencontre avec le thérapeute. La famille doit rencontrer le thérapeute au début de la prise en charge. Cette prise de contact nous est précieuse :

— Elle nous permet de connaître les attitudes et les comportements de l'entourage et de mesurer leur effet sur la pathologie du patient.

— Elle permet à la famille de mieux comprendre ce qu'elle doit faire et comment elle doit se comporter.

Comment coopérer avec le thérapeute ? Votre coopération est indispensable à la bonne marche de la thérapie. Elle passe par la compréhension du problème. Pour comprendre, il faut connaître. N'hésitez donc pas à poser toutes les questions qui vous passent par l'esprit. Demandez conseil au thérapeute. Osez le faire répéter, parlez-lui des difficultés que vous rencontrez à faire respecter les tâches qu'il prescrit. Parlez ouvertement du climat à la maison. Il peut vous aider, vous aussi, à faire face. Coopérer ne veut pas dire tout savoir ; cela signifie, avant tout, avoir la volonté d'essayer.

Au cours d'un traitement de trouble panique, le thérapeute peut vous demander de jouer un rôle actif. Vous serez sollicité pour accompagner le paniqueur, au début. Par la suite, il faudra rester en retrait et vous contenter de renforcer ses progrès.

Pour le TOC, vous participerez à l'exposition et à la prévention de la réponse. Vos renforcements positifs des progrès seront également précieux.

Face à une anxiété généralisée, vous servirez de modèle : à vous de montrer que l'on peut résoudre des problèmes tout en restant calme.

Sachez que toute modification dans un système affecte le fonctionnement de tout le système. La famille étant un système par excellence, son poids est fondamental dans la modification d'un de ses membres. Votre tâche est lourde, certes, mais elle sera gratifiante, car vous assisterez de près aux changements qui permettront à tous de vivre bien et heureusement avec un anxieux.

CONCLUSION

Qui n'a jamais été victime de l'anxiété ? Vous l'avez compris, personne ! Vivre auprès d'un angoissé représente l'une des multiples occasions de ressentir à votre tour cette désagréable émotion. C'est pour avoir vu trop d'accompagnants perturbés eux-mêmes qu'il nous a paru utile d'écrire un guide à votre usage.

Les visages de l'anxiété sont multiples. Il faut les reconnaître pour mieux y réagir. Ce que ressent l'anxieux ne ressemble peut-être pas à ce que vous-même avez pu vivre. Certaines anxiétés sont passagères et d'autres se sont installées lentement au fil des ans. De même, l'anxiété d'un enfant n'est pas la même que celle d'un adulte. Les réponses que l'on peut apporter à l'anxiété reflètent cette diversité. Elles consistent d'abord à ne pas commettre d'erreurs — et elles sont fréquentes ! — fort préjudiciables puisqu'elles aboutissent à l'aggravation des troubles. Pour les éviter, il convient d'adopter de nouvelles attitudes face à l'anxieux, et aussi, de pouvoir appliquer les méthodes de traitement qui ont fait leurs preuves. Vous possédez, avec ce livre, suffisamment d'éléments concrets pour aider l'anxieux dans sa vie quotidienne.

Le plus souvent, votre seule participation suffira pour régler le problème ; mais une aide professionnelle peut devenir nécessaire. Bien qu'elle soit la plupart du temps centrée sur l'anxieux, votre collaboration, vos conversations avec un thérapeute représentent un « plus » certain. C'est pourquoi des groupes de soutien aux parents et à l'entourage des personnes anxieuses commencent à se former.

A vous de jouer maintenant pour mieux vivre avec un anxieux.

TABLE DES MATIERES

ACHEVÉ D'IMPRIMER
SUR LES PRESSES
DE L'IMPRIMERIE S.E.G.
33, RUE BÉRANGER
CHATILLON-SOUS-BAGNEUX

Numéro d'impression : 5559
Dépôt légal : avril 1994